好きなひとに愛される心理学

「恋愛」は作れる。

心理カウンセラー　植西聰

興陽館

この本には「好きなひとの心を惹きつける」47の心理法則を書きました。

はじめに

あなたの「好き」という気持ちは、こうして、伝わっていきます。

私は長年、心理カウンセラーとして多くの人達の相談にのってきました。

その内容は、ほとんどが
「好きなひとがいるけどうまくいかない」

「好きなひとから愛されない」

という女性からの相談でした。

「好きなひとから愛されたい」というのは誰もが持っている共通の願い事かもしれません。

しかし、実際には「好きでもないひとには好かれるのに、好きなひとには振り向いてもらえない」のが現状だと思います。

その結果、

「私には何が足りないんだろう」

「どうしてうまくいかないのだろう」

と悩んでいる女性がことの他多いのです。

そこで、それらの悩める女性達のために書かれたのが本書なのです。


この本が最初に発行されたのが二〇〇〇年です。

その時も数多くの女性に読まれたことを覚えています。

決して派手に宣伝されたり、テレビや雑誌に取り上げられたわけではありません。

口コミが広まり、「静かなベストセラー」になりました。

決して変わることのない、心理法則に基づいたことを書いたからだと思います。


私は心理カウンセラーとしてこれまでに数千人の人と接してきました。

そうした中で気づいたことがあります。

それは、「好きなひとから愛される女性」には共通点があるということです。

世の中には同じ年齢、同じ髪型、同じ場所に住んでいても「愛される女性」と「愛されない女性」がいます。
この違いは何によるものでしょうか。それは容姿の問題ではありません。
「愛されるための心理法則」を知っているかどうかの差だけです。
また、それを実践しているかどうかなのです。

その心理法則は、この本の中に書かれています。
どうぞ、この本を手にとってページを開いてみてください。
好きなひとから愛される方法が、詳しく書かれています。
もちろんここに書かれているすべてを実践する必要はありません。
ページを開いて「これだ！」と思うものから始めてみてください。
そうすれば、好きなひととの態度が変わってくることを実感されるでしょう。

もうひとつ、この心理法則を実践する前に言っておきたいことがあります。
それは、恋愛に悩むのはなにも特別なことではない、ということです。
たとえ恋愛がうまくいかなくても、それで落ち込んでしまったり、がっかりすることはないのです。

最初からうまくいく恋愛のほうが珍しいのです。

恋に悩むということは、その恋がうまくいくためのひとつのプロセスだということです。

恋に悩むということは、それだけそのひとが好きだということです。

そして悩めば悩むほど、その恋は深まっていきます。

それはとても素敵なことです。


この本が、「好きなひとから愛される」ためのきっかけとなれば、著者としてうれしく思います。

植西　聰

『好きなひとに愛される心理学』目次

CHAPTER

1

こうして「惹《ひ》きつける」

――「意識」の作りかた

CHAPTER

2

こうして「好きになる」
——「好意」の作りかた

CHAPTER

3

こうして「心をつかむ」

——「愛情」の作りかた

CHAPTER

4

こうして彼の「心を離さない」
——「信頼」の作りかた

CHAPTER 5

こうして「特別な女性になる」

――「幸せ」の作りかた

CHAPTER

6

こうして「ずっと愛される」

――「結婚」の作りかた

付録

CHAPTER

1

こうして「惹《ひ》きつける」

──「意識」の作りかた──

RULE

001

好きなひとがあなたを意識するようになる簡単な方法

好きなひとに会うのが怖い……このように感じたりしませんか。

心の奥でひそかに思ってるひとがいる。そのひとといつも一緒にいたい。カフェに行ったり、映画を見たり、素敵なお店で一緒に食事をしたりしたい。でも、そのひとと顔をつき合わせるのが怖かったりしていませんか。

好きなひとがいるひとは、たいてい、そのような悩みに苦しむものです。

どうして、いつも一緒にいたいと願いながら、一方では、そのひとに会うのが怖くなってしまうのでしょうか。

それは簡単に言えば、相手に嫌われてしまうかもしれない。自分の好みが相手の好みと違うかもしれない。

もし自分がそのひとを好きだという感情を抱いていることが相手に知れて、うっとうしがられてしまったら、どうしよう……このような感情が渦巻いて、そのひとに会うのが怖くなってしまうのです。

そのために、せっかくそのひとと二人きりで、ゆっくりと話し合うことができるチャンスが訪れても、そのチャンスを逃してしまったりします。

駅の改札口で、偶然、思いを寄せているひとに出会う。道を歩いているとばったり、そのひとに声をかけられる。その時は恋を叶える絶好のチャンスです。

でも、なんとなくそのひとと二人きりになることが怖くなって、一言二言挨拶しただけで、「私、今急いでいるんです」とか言って、そのひととすぐに別れてしまう。これでは、あなたの恋は、その先に進めません。

好きなひととの恋愛を発展させるためには、そのひとと一緒にいることができる時間をできるだけ大切にしなければなりません。

心理学には、「ザイアンスの法則」というものがあります。

ザイアンスという名前の心理学者が実験で証明した、「会えば会うほど、ひとはそのひとを好きになっていく」という人間の心理法則です。

いつも顔を合わせている相手と、滅多に会わない相手とでは、よく顔を合わせている相手に、より好感を抱くようになるというものです。

まず一緒にいること。そして相手にあなたの存在を認知してもらうこと。これが恋を発展させる第一歩です。相手から嫌われるのを怖がって、そのひとから逃げ回っているのでは、その恋はいつまで経っても進展はしないのです。

私の本の読者の一人であった田川彩香さん（仮名）の恋のきっかけは、次のようなものでした。彼女は、ある女子大学に通う学生だったのですが、毎朝通学のために乗る電車で出会う、ある大学生の男性に恋をしてしまいました。

もちろん、知り合いではありません。しかし毎朝、同じ電車に乗り合わせているうちに、そのひとに好感を抱くようになり、その感情がだんだんと恋にまで発展していったのです。

男性にしても、女性にしても、何度も顔を合わせるうちに、相手を好きになってしまうことがあります。たとえば小学校から中学校、そして高校まで一緒の学校に通った女性を好きになってしまう。職場でデスクを隣り合わせにして働いていた女性を好きになってしまう。

このような心理は、男女を問わず、ひとの心が持つ一つの傾向なのです。

好きなひとから逃げてはいけません。

しかし、おおげさに考えることもないのです。いくら好きだからといっても、なにもいきなり愛の告白をする必要はないのです。

好きなひとの視線の先に、あなたがいるようにする。

最初は、それだけでいいのです。相手に、あなたの存在を気づかせる。

そこから始めればいいのです。

先の彩香さんは、電車の中で、ただ毎朝、目にしていたというだけで、そのひとを好きになってしまったのです。

そのひとと話したこともないのに、そのひとがどんなひとなのかよく知りもしないのに、好きになってしまったのです。

恋愛とは、そのようなものなのです。

勇気を出して、好きなひとに近づいて行ってください。

できれば一日に一度、いいえ、二度でも三度でも、できるだけそのひとと一緒にいることのできる時間を増やしてください。好きなひとにとって身近な存在になれるように頑張ってください。

「ザイアンスの法則」に従えば、きっと、あなたの好きなひとも、あなたを意識するようになります。やがてそれはあなたへの好意に変わっていくでしょう。

そのひととしょっちゅう顔を合わせるうちに、そのひとの前に出る恐れも、だんだん薄らいでいきます。

あなたは、少しずつ、そのひとと一緒にいることに慣れていくのです。

そして、そのひとと一緒にいることへの恐れが消えていけば、それにつれて、あなたの気持ちをそのひとに素直に伝えられるようになっていくに違いありません。

好きなひとに
愛される心理法則

001

会えば会うほど、ひとは、そのひとを好きになる。
好きなひとと一緒にいる時間を、もっと増やす。

ザイアンスの法則

RULE

002

「初めて二人きりになった時」気をつけること

なんとなくショッピングモールをぶらぶらしていると、あなたの名前を呼ぶ声が聞こえてきます。

振り返ると、そこには、あなたが思いを寄せているひとが立っています。あなたは、「どうしよう」と思ってしまいます。

心臓は、どきどきと高鳴ってきます。それまで、そのひととは、何人かで食事をしたり、どこかへ遊びに行ったりしたことはあるものの、このように二人きりで顔を合わせるのは初めてなのです。

しかし、そんな時もし、あなたが、そのどぎまぎする心を隠そうとするあまり、そのひとに対してムスッとした顔をしてしまったとします。

当然そのひとは、あなたのそのような態度に嫌な気分になり、「感じの悪いひとだな」

と、あなたを印象づけてしまいます。

ここで注意しなければならないのは、一度相手の心にそのような思い込みを生じさせてしまうと、その後でいくら努力しても、相手の心からその思い込みを消すことがむずかしくなるということです。

これを、**心理学では、「初頭接触の心理効果」と言います。**

たとえば、近所のひとが、指定された曜日以外の日に、ゴミ捨て場にゴミを出していました。そのような光景を見て、あなたはそのひとを「なんてマナーを知らないひとなんだろう」と思うでしょう。

しかし、そのひとは、たまたまその日、勘違いからゴミを出してしまったのであり、実際その後はきっちりと指定の曜日を守ってゴミを出したのです。

それにもかかわらず、あなたの心には根強く、そのひとに対して「マナーを知らないひと」という印象が残ってしまう。

そのような心理傾向が、「初頭接触の心理効果」と呼ばれるものなのです。

最初の事例に戻りましょう。

相手の心に芽生えた「感じの悪いひと」という印象は、根強く相手の心に残ってしまいます。こうなってしまっては、それから、いくらあなたが、そのひとに自分を好きになってもらいたくても、もうむずかしいでしょう。

あなたの恋愛は、最初の段階でつまずいたことで終わってしまったのですから。

つまり、恋愛にとっては、この「最初の段階」がとても重要な意味を持っているのです。

第一印象で、すべてが決まってしまうと言っても言い過ぎではありません。

ですから、好きなひとと初めて二人きりになるようなチャンスが訪れた時、そのひとに悪い印象を持たれないように、できる限りの努力をしなければなりません。

笑顔で明るく振る舞い、相手にいい印象を与えるようにしなければなりません。

というのも、「初頭接触の心理効果」は、悪い印象ばかりではなく、いい印象についても応用できる心理法則なのです。

もし、最初の段階において、相手にいい印象を与えることができたら、しめたものです。「あのひとは感じがいい」と思われたら、その恋はうまくいく可能性大です。

その印象は、たとえあなたが何か失敗をして、そのひとから嫌われてしまうようなことが起こったとしても、それですぐに消え去ることはないのです。

どのようなことがあっても、最初の「あのひとは感じがいいな」という印象は残っていきます。

このような、いい印象を最初の段階で相手に与えることができてこそ、「会えば会うほど好きになる」という「ザイアンスの法則」は、ますます効果的になります。

恋愛とは、心と心の問題なのです。

ひとの心は、非常にデリケートなものです。

ですから、ちょっとした仕草や言葉が命とりになってしまったりします。

大事なのは、特に最初の段階です。好きなひとに嫌われてしまわないよう、注意を払ってください。全力で「感じのいいひと」だと相手に印象づけましょう。

好きなひとに
愛される心理法則

002

第一印象で、相手があなたをどう感じるか。
それですべてが決まる。
全力で「感じのいいひと」だと印象づける。

初頭接触の
心理効果

RULE

003

愛されるチャンスが広がるデートスポットの選びかた

恋愛とは、気分に左右されるものです。

たとえば好きなひととのデート。あなたは、どんなところへ連れて行ってほしいでしょうか。ラーメンを食べる……？ 競馬場へ行って運だめしをする……？ 釣り堀で魚釣りをする……？ それもいいですね。

ただ、もし、それが好きなひととの「初めての」デートだとしたら、もう少し雰囲気のある、ムードの良い場所を選ぶべきです。

メイという心理学者は、次のような興味深い実験をしています。

ムードのある音楽とムードのない音楽を聞かせたり、湿度の高い不快な部屋と湿度の低い快適な部屋に、それぞれひとを置いて実験をしたのです。

この二通りの環境のもとで、彼らの異性に対する感情が、どのように変化するのかを調べたのです。

その結果、気分のいい環境のもとでのほうが、ひとは、より異性を魅力的に感じるということがわかったのです。

このような人間の心理傾向は、「メイの法則」と名づけられました。

デートの場所に、ラーメン屋や競馬場や釣り堀を選んではいけないと言っているのではありません。

しかし、そのような場所を選ぶのは、好きなひととのつき合いがもっと深まって、お互いにお互いを「恋人」と呼べるような関係になってからです。

まだ「片思い」の段階で、これからお互いに関係をもっと親密にしようという時には、デートの場所は、ムードのあるところがいいのです。

「メイの法則」に従えば、好きなひとに、あなたのことをより魅力的に感じさせるために有利になるのですから……。

ラーメン屋よりもレストラン、競馬場よりも映画館、釣り堀よりも感じのいい公園、そういう場所を選んだほうが、あなたが、好きなひとから愛されるチャンスが広がっていきます。

もちろん場所ばかりでなく、あなた自身も、感じのいいムードを作るために努力しなければなりません。それはたとえば、初めてのデートに着ていく服や、好きなひとと一緒にいる時の、あなたの仕草です。

私はよく、心理カウンセリングを受けに来た女性に、「あなたの憧れの女優を見習ってみてはどうですか」とアドバイスします。

女優はなぜ、いつも美しく、多くのひとたちにもてはやされるのでしょうか。

もちろん容姿がいい、ということもあるのでしょう。しかし、そればかりではなく、いいえ、それ以上に、立ち居振る舞いや、着ている洋服のセンスがいいから、私たちの目に美しく映るのです。

つまり、持って生まれた美しさと言うよりも、努力によって身につけた美しさが、女優たちの美しさを、よりいっそう魅力的なものにしているのです。

あなたも、憧れの女優をよく観察しながら、研究してみてはいかがでしょうか。

「このような仕草が、好きなひとに自分を可愛らしく見せるコツなのか」「この髪型には、このような洋服が似合うのか」……きっと気づくことが、たくさんあるはずです。

それに気づいたら、チャレンジしてみるのです。

憧れの女優を真似してみるのです。

デートの場所の雰囲気と、あなたの魅力、この二つが重なり合えば、それは相乗効果となって、好きなひとにあなたの魅力を訴えていきます。

あなたの好きなひとは、今まで気づかなかったあなたの素晴らしさに、きっと気づくはずです。

そして、あなたを、今までになかった新しい目で見てくるに違いありません。

またデートの場所にしても、ふだん行かないような場所を選んだり、服装や仕草にしても、ふだんのあなたの持っている雰囲気をちょっと変えてみるのもいいかもしれません。

それは新鮮さを演出するテクニックです。

「あれ、いつもと違うな」という感じを、好きなひとに与えてあげるのです。

それによって、相手のあなたへの関心が、より増していきます。

好きなひとに
愛される心理法則

003

気分のいい環境、ムードのあるスポットのほうが、
あなたを「魅力的に」見せる。
初めてのデートは、その場所の雰囲気に注意する。

メイの法則

RULE

004

このアドバイスがあなたをもっと輝かせる

「ひとは見かけじゃない」「ひとの魅力は、外見では判断できない」というひとがいるかもしれません。

もちろん、それは間違ってはいません。

しかし、「見た目」というのは、人間関係において驚くほど大切な意味を持っているのです。

「見た目」を、おろそかにしてはいけません。好きなひとができた女性は、服装やメイク、そういった身だしなみにも注意するようにしましょう。

あなたは、清潔感のあふれるさわやかな男性と、何か不潔な感じのする男性の、どちらに好感を持ちますか。

おそらく、前者を選ぶのではないでしょうか。そして、これは、男性が女性に対して抱く感情としても同じなのです。

ビックマンという心理学者がおこなった、ある実験があります。

電話ボックスの電話の上に、故意に十セント硬貨を置いておきます。その電話ボックスに入ってきたひとの目には、すぐにその十セント硬貨が目に入ります。

そこで、実験者が電話ボックスのドアを叩き、中にいるひとに、「十セント硬貨を置き忘れたのですが、そこにありませんでしたか」と尋ねるのです。そして、どの程度の割合で、中にいるひとがお金を返してくれるか調べたのです。

実験は、二通りの方法でおこなわれました。一人は、スーツを着てネクタイを締めて、きちんとした身なりで、電話ボックスの中にいるひとに、そこに十セント硬貨が置き忘れられていなかったか尋ねます。もう一人は、みすぼらしい、だらしない身なりをして、同じように尋ねます。

実験の結果、きちんとした服装をしていた時のほうが圧倒的に、お金を返してくれる割合が高いことが確かめられました。さて、この実験は何を意味するのでしょうか。

簡単に言えば、実験の被験者は、きちんとした身なりのひとの言葉は信用し、だらしのない身なりのひとの言葉は信用しなかったのです。だらしのないひとの言葉は、「こいつ、うまいことを言って、お金をちょろまかそうとしているんだな」と受けとられてしまったのです。実験の被験者は、服装によって、つまり外見によって、そのひとが信用できる人間かどうか判断していたのです。

このような、ひとの外見が他人に与える心理効果は、恋愛においても言えることなのです。いくら「ひとの魅力は、外見では判断できない」と言っても、恋愛において外見の果たす役割は大きいのです。

しかし、自分にどんな服装が似合い、どんなメイクがいいのか、よくわからないというひともいるかもしれません。

確かにひとは、自分の魅力というものについて、自分ではなかなか判断がつかないものかもしれません。

そのようなひとは、女性の美しさを演出することにかけて、いわばプロであるそのお店の店員さんに相談してみたらどうでしょうか。そのようなひとたちでしたら、あなたの相談に客観的に答えてくれるのではないでしょうか。

できれば、美容院や服屋を毎回替えるというのではなく、「このひとは信頼できる」と

いう店員さんや美容師さんを探して、常連になるのがいいでしょう。

長くつき合っているひとのほうが、あなたの性格や個性を十分に理解し、それに似合うファッションを明確にアドバイスしてくれるはずです。

また、今まで気づかなかった魅力を新たに発見してくれるはずです。

「そうか、私にはこんな髪型が似合うのか」「私に、こんな服が似合うなんて、思ってもみなかった」というふうに……。

店員さんや美容師さんにアドバイスしてもらって、新たな魅力を発見できれば、それは、あなたの自信にもつながるはずです。

自分に自信がつけば、それだけ、好きなひとへ自分をどのようにアピールすればいいのか、その方法もわかってきます。

自分への自信は、ますますあなたをイキイキさせ、あなたの魅力を輝かしいものにするに違いありません。

自分の魅力を自分で知っているひとは、異性から好感を持たれるものです。

それを知るために、店員さんや美容師さんに客観的なアドバイスをしてもらうことは有効なのです。

好きなひとに
愛される心理法則

004

ひとは外見の印象によって、そのひとを判断する。
信頼できるひとに〝あなたの外見〟を磨いてもらう。

外見の
心理的効果

RULE

005

「好き」と言わずに気持ちを伝えるちょっとした方法

性格のいい女性は、男性から愛されます。

では、いわゆる「性格がいい」とは、具体的には、どのようなことを指すのでしょうか。

一つには、「明るい」ということが考えられます。

好きなひとと会っている時、いつも笑顔でいる。機嫌のいいあなたでいる。このようなことが一つになって、その女性に、「明るい」という形容詞がつけられるのです。

逆の言いかたをすれば、好きなひとと会う時に、いつも不機嫌で、暗い顔をしている女性は、好きなひとから嫌われてしまいます。

大切なのは、笑顔を作ることです。

笑顔には、ひとを幸せな、楽しい気分にさせる効果があります。

相手をリラックスさせるという効果もあるのです。

そして、笑顔の一番の効果は、あなたがそのひとに好意を持っているという意思表示になるということなのです。

笑顔は、時には、「あなたのことが好きです」と言葉で言う以上の効力を発揮して、相手に、あなたの好意を伝えることもあるのです。

合コンなどをしている時には、よく男性同士で、こんなことを言い合うものです。

「あの子、君に笑いかけてるよ。きっと君に気があるよ」

あなたの好きなひとに、ムスッとした表情ばかり向けていても、あなたの好意は相手に伝わってはいきません。そんな女性を、男性は敬遠してしまうのです。

また笑顔には、相手に親近感を与えるという効果があります。

笑顔は男性の心の中に、「このひとと一緒にいれば、楽しいに違いない」「もっと、このひとと仲良くなりたい」という感情を芽生えさせるのです。

たとえば、あなたが通っている学校の男友達でもいいですし、働いている会社の同僚の男性でもかまいません。今、心の中に思い浮かべてください。

あるひとは、いつも笑顔で、あなたに話しかけてきます。

しかし、あるひとは、いつもムスッとした顔で、あなたと話をします。

あなたは、いつも笑顔で話しかけてきてくれるひとのほうを、より身近に感じるでしょう。そのひととなら、仲良くつき合っていけると考えるでしょう。

反対に、いつもムスッとした顔のひとに、あなたは反感を持ってしまうのではないでしょうか。

「このひとは、もしかしたら私のことを嫌っているのではないか」と考えてしまうかもしれません。

心理学には、「ボディ・ランゲージ」という言葉があります。

仕草や行動、また顔の表情というものは、言葉と同様に、いやそれ以上に、そのひとの心の中を相手に伝えてしまうということです。

あなたの気持ちを、笑顔を作ることによって、好きなひとへ伝えてあげるのです。きっと、あなたの恋は、成功へと導かれるに違いありません。

また笑顔を作ることは、相手を楽しい気分にさせるばかりではなく、実はあなた自身の心をも楽しい気分にしてくれる効果もあるのです。

好きなひとが、なかなか好意を向けてくれない時……そんな時、あなたは内心苦しいに違いありません。悲しい気持ちで一杯でしょう。

しかし、そのような時でも、無理をしてでも、笑顔を作ってみるのです。そのうちに、あなたの悲しい気持ちは、だんだんと楽しい気持ちに変わり、不思議に明るい気分になっていくのです。笑顔には、そんな効果もあるのです。

本当は、心の底では落ち込んでいたとしても、努めて明るく振る舞うということが大切なのです。そのうちに、あなたは「明るい」性格の女性に生まれ変わっていくのです。

笑顔の素敵な明るい女性になることができれば、きっと、あなたの好きなひとは、あなたに好意を持ってくれるはずです。

何事も明るく前向きに考えていけば、幸運の女神が味方となってくれるのです。

今からでも遅くはありません。好きなひとと会う時は、笑顔を作ることを心がけるようにしてください。

好きなひとに
愛される心理法則

005

明るい笑顔は、言葉以上に、
あなたの「好き」を相手に伝えてくれる。
好きなひとと会う時は、いつも笑顔を心がける。

笑顔の
心理効果

RULE

006

「ストーリー」を愛さず「ひと」を愛する

何年か前に、結婚している男女が不倫して、最後には心中するという映画がたいへん人気を博しました。それをもとにした流行語まで生まれたほどです。

ところで、その映画に深く感銘を受けたある女性は、「不倫こそ真実の愛なのだ」と思い込んで、つき合っていた男性を裏切って妻子ある男性に走り、その映画と同じことをしてしまったのです。

これは悲しい出来事だと思います。

そのような流行やマスコミに踊らされた愛など、「真実の愛」と言えるものではありません。

いいえ、「愛」でもないようにさえ思われます。なぜなら、その女性は、映画の主人公と同じことを自分もしたいという感情に動かされただけだからです。その男性を、本心から愛していたとはとても思われません。

また、ある時は、芸能人の女性が十歳も年下の男性と交際していることが、マスコミで大々的に報道されました。

すると、また、かなり年下の男性と交際したいという一般の女性が大勢現れました。

これも、また悲しい出来事のように思われます。

そのような女性も、先ほどの、映画に影響された女性と同じように、「踊らされている」に過ぎないのです。

では、なぜ、そのような女性たちは、流行やマスコミに踊らされてしまうのでしょうか。

それは、

「みんなに自慢できるような恋愛をしたい」

「みんなから、うらやましいと思われたい」

そんな利己的な、我がままな、幼稚な欲求を持っているからなのではないでしょうか。

そのような女性が、「真実の愛」「本当の幸福」を手にすることができるとは思えません。

恋愛において、もっとも大切なのは「純粋さ」です。

誰からどう思われる……そのようなことには関係なく、彼の姿を純粋な気持ちで見つめ、純粋な気持ちで愛すること。それが大切なのです。

しかし、先のような女性には、この「純粋さ」がないのです。

彼女たちは、単に「ストーリー」を愛しているに過ぎません。本当に「ひと」を愛しているのではないのです。

心理学には、「シンデレラ・コンプレックス」という言葉があります。

「いつか必ず白馬に乗った王子様が現れて、私を幸運にしてくれる」

そんなことばかり夢見ながら生きている女性特有の心理的な傾向を、そのように呼ぶのです。

しかし、いくら待っても、そのような王子様は現れません。

なぜでしょうか。

これもまた、「みんなに自慢できるような恋愛をしたい」「みんなから、うらやましいと思われたい」という不純な動機から「愛」を求めているに過ぎないからではないでしょうか。**「シンデレラ・コンプレックス」の女性たちも、また「ストーリー」を愛しているのであり、「ひと」を愛しているのではないのです。**

彼女たちの多くは、男性とつき合いながらも、いつも「孤独」に悩んでいるように思われます。それは、男性との間に、しっかりとした人間関係を結べないからです。「ひと」を愛するのではなく、「ストーリー」を愛するために、「心」と「心」の関係を結べないのです。ですから「愛」を見失い、孤独に悩むことになってしまうのです。

大切なのは、「ひと」を愛する気持ちなのです。

好きなひとに
愛される心理法則

006

流行やマスコミに踊らされる恋愛は、
真実の愛ではない。
ストーリーを愛するのではなく、
そのひとを愛することを心がける。

シンデレラ・
コンプレックス

RULE

007

恋人ができるひとに共通する心理戦略

城田絵里さん（仮名）は二十代後半の女性でしたが、それまで一度も、男性と交際したことがないと言っていました。彼女自身も、そのことに悩んでいました。

これは絵里さんが、魅力のない女性だったから、というわけでは決してありません。むしろ絵里さんは、とても魅力的な女性だったのです。

容姿もきれいですし、洋服などのセンスも良く、知性も優れたひとだったのです。

男性にモテなかったというわけでもありません。

多くの男性が絵里さんに好意を寄せていたのですが、絵里さんは、その誰とも恋人になることができなかったのです。

この女性はプライドが高く、男性に対する理想が高過ぎたから、男性とつき合えなかったのだ、と考えるひとがいるかもしれませんが、それは間違いです。絵里さんは、とても謙虚な女性だったのです。

では、なぜ絵里さんに、恋人ができなかったのか。

それは「脅迫反復」という心理傾向が、絵里さんの心に巣くっていたからなのです。

「脅迫反復」とは何か。

たとえば、あなたが以前から好きだった彼に、「好きです」と告白される。

もちろん、あなたは感激して、「私も、あなたのことを好きだったんです」と答える。

多くのひとの場合は、そうなります。

しかし「脅迫反復」のある女性は、そのような素直な反応ができないのです。

心の中では、彼のことを「好き」と思いながら、また、心の中では彼の告白をうれしく思いながら、心の中とは裏腹のことを言ってしまうのです。

そのような心理傾向を、「脅迫反復」と言います。

ひとが、そのような心理傾向を抱いてしまうのは、たとえば幼児期に親から虐待を受けた、イジメにあった、などの理由があると考えられています。

その時に受けた心の傷がいつまでも癒されず、やがてそのひとの性格を歪めてしまうのです。

このようなひとを立ち直らせるのは、つまり人間らしい感情をとり戻させるのは、容易なことではありません。心理カウンセラーなどの専門家の協力が必要となりますし、また長い時間を要するでしょう。

ただ、あえて言えば、この絵里さんの話には、私たちが教訓とすることができる、ある大切なことがあるように思うのです。

それは、「自分に素直になる」ことの大切さです。

好きなひとに素直に「好きです」と言う。それができるということが、あなた自身を幸福にするために非常に大切なことであるのです。

好きなひとに愛される心理法則

007

自分に素直になる。好きなひとに素直に「好きです」と言う。
それができるひとが、自分を幸福にする。

素直になることの心理効果

Q

あなたが男に生まれ変わったら

もしあなたが男に生まれ変わったとします。
さて、一番なりたくないのは次のどれですか?

A　医者
B　ビジネスマン
C　お笑い芸人

「一番なりたくない」というのは本音では「関心」の強いことなのです。これを心理学では「反動形成」と言います。小さい頃、好きな男の子に、わざと意地悪をしたような思い出はありませんか。これに似ています。このゲームでは、あなたの彼へのアプローチ法がわかります。
Aのひとは、プレゼントでも高価なものを贈ったりする、プライドの高いひとです。
Bのひとは、堅実なタイプのひとです。結婚したら、上手に家庭を守っていくひとです。
Cのひとは、自分を卑下してでも、彼に尽くすことのできるひとです。これらの中では、一番勇気のあるひとども言えます。明るい姿勢は誰からも好かれます。

CHAPTER

2

こうして「好きになる」

――「好意」の作りかた――

RULE

008

共通点をたくさん探せるひとが愛される

偶然、あなたと、好きなひとが同じ趣味を持っていた、同じバンドの音楽が好きだった、食べ物の好みが同じだった、星座が同じだった、誕生日が同じだった。

このような時、どのように思いますか。

きっと、うれしいに違いありません。

ひとは、自分と相手に何か共通点がある時、その相手により強い好感を抱くようになります。**このような心の傾向は、心理学では「恋愛のマッチング理論」と呼ばれています。**

私は、ある女性から、こんな相談を受けたことがあります。

好きなひとがいるのですが、そのひとはとても裕福な家の育ちで、さらに、誰でも知っているような一流大学の出身者です。それにひきかえ自分は、貧しい家庭に育ち、学歴もありません。これでは相手と自分は釣り合わない。相手と自分は、まったく違った存在だ。結局、自分は恋をあきらめるしかない、と落ち込んでいるのです。

しかし、本当にあきらめるしかないのでしょうか。そのようなことはないように私には思われました。

いくら育った環境や学歴が違うとしても、同じ人間なのです。共通点は、どこかにあります。

たとえば国籍の違った相手と結婚して、幸福に暮らしているひとだって、たくさんいるのです。

そのようなひとたちも、一見違う相手のどこかに、心の通じ合う共通点を見つけ出しているものなのです。

だいたい彼女の好きな相手自身、実際は、生まれた環境や学歴のことなど気にしているとは思えませんでした。それを、釣り合わない、などと気にしているのは、彼女のほうだけであるようにも思えたのです。

もし、好きなひとができたならば、相手とあなたとが違っているところに、あまり神経質になってはいけません。

そんなことに気を遣ってばかりいると、あなたの恋は、それこそまったく進展しなくなってしまいます。

好きなひととあなたとの共通点を探してください。共通点は、きっと、どこかにあるはずです。

そして、その共通点が見つかったら、そのことを好きなひととの話題にするのです。好きなひととの話は、前にも増して楽しいものになるでしょう。

相手との心の距離が、どんどん近づいていくのを感じるでしょう。

しかし、どうしても、好きなひととの共通点が見つからないひともいるかもしれません。

そんなひとのために、ある男性と女性のことを紹介しましょう。

彼は趣味で、自転車のロードレースをしていました。

その彼に、ひそかに好意を寄せている女性がいました。しかし彼女は運動が苦手で、彼と一緒に自転車に乗ることはできません。それに自転車のロードレースというのは男性の専門のような競技で、女性の愛好者などほとんどいませんでした。

しかし応援することならできる、と彼女は考えました。

彼女は、その男性の出場するロードレースに応援に出かけました。彼は見事に優勝しました。彼女は、彼のもとに駆け寄り、大喜びで彼に言いました。

「おめでとう」と。

この彼女の言葉に、彼は感動しました。自分の喜びと感動を、一緒になって分かち合ってくれているひとがいる。

彼には、そう思えたのです。間もなく、この彼と彼女は幸せに結婚しました。

相手と一緒になって感動する……これも、相手との共通点を見つけ出すという一つの方法なのです。

相手との共通点を見つけ出すということは、この話のように、なにも、彼が自転車に乗っているから自分も一緒になって自転車に乗るということではないのです。

共通点を見つけるということは、結局、相手と心を一つにするということなのです。一緒に感動してあげる、相手の心に共感してあげる、ということなのです。

あなたの好きなひとが、勤めている会社の仕事で成功した時、一緒になって喜んであげる。それだけでもいいのです。

もし、好きなひとが仕事に失敗したら、あなたもそのひとの立場に立って、悩み事の相談に乗ってあげる。一緒に苦しんであげる。

これも、相手と心を一つにするということです。つまり共通点を作るということになります。

好きなひとに
愛される心理法則

008

ひとは、自分と相手に何か共通点がある時、その相手により強い好感を抱くようになる。好きなひととの共通点を探し出す。

恋愛の
マッチング理論

RULE

009

性格が正反対でもうまくいく恋もある

相手との共通点があることが、二人が恋人同士となるきっかけになる。

確かに、そういうことは言えるでしょう。

しかし、中には、まったく性格が異なっていて、しかもまったく共通点などないにもかかわらず、意外とうまくいっている恋人同士もいるのです。

しかし、そこにもちゃんと心理学の法則が働いているのです。

心理学には「補完性の原理」と呼ばれる法則があります。

小田優里奈さん（仮名）という女性は、どちらかというと、おとなしいタイプの女性でした。

しかし優里奈さんが好きになった彼は、優里奈さんとは性格がまったく反対の行動的なタイプの男性でした。

優里奈さんは、

「自分のようなおとなしいタイプの女性は、彼のような行動的なタイプの男性からは好かれるわけがない」と思っていました。

ところがです。

優里奈さんが好きだった彼が、ある日、優里奈さんに「好きです。僕とつき合ってください」と言ってきたというのです。

優里奈さんは、びっくりしてしまいました。

「でも私たち、性格が正反対だよね」と優里奈さんは言いました。

すると彼は、

「僕は行動的な性格だけど、おっちょこちょいなところがある。君は確かにおとなしいけど、沈着冷静に物事を判断できるひとだ。僕のおっちょこちょいなところを、君の沈着冷静なところで補ってほしい。僕の欠点を、君の長所で助けてほしいんだ」と言ったというのです。

ひとは、相手との共通点があるから愛するだけではないのです。

自分に欠けているものを、相手に求めるという傾向も強いのです。

あなたに好きなひとができた時、その彼が自分とまったく正反対の人間であることから、その恋をあきらめてしまう。それは悲しいことです。

優里奈さんのような事例も多いのです。

そういう場合はむしろ、好きな彼の欠点を「私が補ってあげる」という考えを持ったらどうでしょうか。

それは、「協力する」ということです。

ひとは、自分に協力してくれたひとに対して好意を抱くものです。

たとえば好きな彼が、とても機械オンチのひとだったとしましょう。

職場での出来事です。

彼がパソコンの画面の前で困った様子をしています。

エラーが出てうまく作動させることができないでいるのです。

そんな彼に、優しく「これは、こうするといいですよ」とそっと教えてあげましょう。

彼はきっと、自分に足りないものを持っているあなたに、好意を抱くようになります。

そんな協力をしてあげるのです。

「彼女は、僕にはない、あんな一面を持つ女性だったのか」と、彼はあなたを見直すに違いありません。そして、それが好意へとつながり、やがて恋へと発展していくのです。

男性と女性の出会いというものは不思議なものです。

それはワンパターンではありません。様々なパターンがあるのです。

ですから、自分と好きなひととの出会いかたが、ある一つのパターンに当てはまらなかったからといって、それで恋をあきらめてしまうのは愚かなことなのです。

とにかく好きなひとを愛する気持ちを失わないこと。あきらめずにいれば、道はおのずと開かれるのです。

好きなひとに愛される心理法則

009

ひとは、「自分に足りないもの」をひとに求める。これが恋愛の始まる〝きっかけ〟となることが多い。

補完性の原理

RULE

010

好きなひとのことをもっと理解する心理術

ひとは誰でも、好きなひとができると、その相手をもっと深く知りたいと思うようになるものです。

相手がどんな性格の持ち主なのか。子供の頃、大人になったら何になりたいと思っていたのか。兄弟姉妹はいるのか。家族構成は。どのようなタイプの女性が好きなのか……等々。

私の知人に、このような女性がいました。

彼女は、好きなひととの初めてのデートで、彼に嫌われてしまったというのです。

よく話を聞いてみますと、初めてのデートの時、彼女はどうも、相手をもっと深く知りたいという気持ちから、彼を質問攻めにしたのです。

あれやこれやと、まるで犯罪者を尋問する刑事のように、彼を問い詰めてしまったとのことです。

好きなひとをもっと深く知りたい、という気持ちはわかります。

しかし、ひとは、他人には知られたくないことがあるものです。劣等感などが、その一つです。ひとは誰でも、他人には触れられたくない部分を持っています。

彼女は、好きなひとの、そのような部分に、あまりにも立ち入り過ぎたようなのです。そのために、彼に嫌われてしまったのです。

私は彼女に、このようにアドバイスしました。

「相手のプライベートにむやみに触れてしまうのは、良くありません。相手を深く知りたいと思うのなら、むしろ、あなた自身のプライベートに関わることを彼に話してみてください。彼にあなたのことを話してあげれば、やがて彼も自分のことを、あなたに話すようになるのです」

心理学には「自己開示の返報性」という法則があります。

その意味は、今私が述べたとおりです。自分が自分のプライベートを話すことで、相手も自分のプライベートを打ち明けるようになる。これが「自己開示の返報性」の法則なのです。

これは、ちょうど、贈り物の習慣に似た心理法則なのかもしれません。

誰かから贈り物をもらう。そうすると、そのひとに何かお返しをしなければならないと考える。それと同じように、相手からそのひとのプライベートに関することを打ち明けられる。すると自分も、そのお返しに、自分のことを打ち明けるようになる。そのような心理が働くのです。

彼女は、いわば、自分が好きなひとに贈り物をする以前に、相手に「私に贈り物をちょうだい」と要求してしまったのです。

これでは相手が不快になるのも当然です。

ジョセフとハリスという心理学者は、私たちの心には四つの領域があると言っています。すなわち、自分も他人も知っている部分。自分も他人も知らない部分。自分は知らないが、他人からはよく見える部分。自分は知っているが、他人は知らない部分。この四つの領域の中で、自分も他人も知っている部分、つまり自分と他人が共有する部分を増やしていくことで、他人との相互理解が深まり、信頼も生まれてくるのです。

自分のことは隠したまま、相手のことばかり知ろうとするのは、良くありません。あなたが自分のことを話さない限り、相手も自分のことを話そうとはしないのです。

人間関係における信頼とは、相互理解なのです。相手が自分のことを知り、自分も相手のことを知る。恋愛においても、この相互理解が大切なのです。

特に、好きなひとの前では、勇気がいることかもしれませんが、あなたがひとには知られたくないと思っているようなことを、思い切って打ち明けてみるのも効果があります。

「私、初めて打ち明けるんだけど、実は……のことで悩んでるの」というように、好きなひとに話してみるのです。あなた自身が持っている秘密の部分を打ち明けてみるのです。

先の贈り物の例で、高価な贈り物をもらえば、それに見合うような高価な贈り物をお返しに贈らなければならない、とひとは考えるものです。

そのように、ふだんは秘密にしているようなことを彼に打ち明ければ、きっと彼も、自分が秘密にしているようなことをあなたに打ち明けてくるでしょう。これも「自己開示の返報性」の法則です。

そして、好きなひとに、周囲のひとが知らないような秘密を打ち明け、また相手から秘密を打ち明けられるという関係ができた時、二人の関係はより親密になり、より深まっていくのです。

「これは彼女だけが知っていることだ」「このことは彼しか知らない」。このようにお互いがお互いの秘密を共有する関係が生まれる時、その恋がますます進展していく可能性も同時に生まれるのです。

好きなひとに
愛される心理法則
010

秘密を打ち明けることで、
相手も自分について話すようになる。
好きなひととあなただけの
〝共通する部分〟を増やす。

自己開示の
返報性

RULE

011

「落ち込んだ彼」を立ち直らせる魔法の言葉

誰でも、何かつらいことがあって落ち込んでいる時などに、誰かに励まされたりするとその言葉を非常にうれしく思うものです。

言いかたを換えれば、ひとは落ち込んでいる時、誰かに励ましてもらいたいと考えるものなのです。

恋愛においても同じことが言えます。

落ち込んでいる時、励ましの言葉をもらうことは、二人の人間関係をよりいっそう親密なものにしていくのです。また、そのひとに恋愛感情を抱き始めるきっかけともなるのです。

心理学では、このような心理的な傾向を「ウォルスターの理論」と呼んでいます。

ある男性がいました。

その男性は長年つき合っていた女性がいたのですが、ささいなことからケンカをして、結局その女性と別れることになってしまいました。

男性は、将来その女性と結婚することまで真剣に考えていたので、その女性と別れることになって、ひどく落ち込んでいました。

そんな時のことです。

その男性にひそかに好意を感じていた、別の女性がいたのです。その女性は、恋人とケンカ別れをしてしまった彼を、親身になって励ましました。彼女の励ましの言葉は、落ち込んでいた男性の心に強い感動を与えました。

「本当に僕のことを心から思ってくれているのは、別れた彼女ではなく、この女性のほうなのかもしれない」

彼は、このように考えるようになりました。そして、彼は、その励ましの言葉をくれた彼女と、間もなく結婚したのです。

とにかく、好きなひとが落ち込んでいる時、そのひとを励ますような言葉をかけてあげることは、相手の心をつかむためにはとても効果があることなのです。

あなたは、好きなひとの幸福を願っているはずです。好きなひとの落ち込んでいる顔など見たくはないと思っているはずです。その心を素直に表現して、好きなひとを励ましてあげるのです。

ある女性がいました。その女性が好きなひとは、ある大きなホテルの厨房《ちゅうぼう》で働いていました。まだ若手で修業中の身です。しかし、彼は職場の人間関係で悩んでいて、そのホテルを辞めてしまいたいと考えていました。そのことについて、彼女は彼から相談されました。

「ホテルを辞めて、自分の店を持とうと思っているんだ」

彼女は彼に、「頑張って！」と言いました。

「自分の店を持てば、あなたならきっと成功するわ」と励ましたのです。

彼は彼女の言葉に感動しました。そしてついには彼も、彼女のことを、自分にとって、とても大切なひとだと考えるようになったのです。

しかし、もし、その時、

「あんな大きなホテルを辞めちゃうなんて、もったいない。それに、あなたはまだ修業中の身でしょ。自分の店を持つなんて無謀過ぎる。失敗するに決まってるよ」なんていう言いかたをしたら、この二人の関係は、どうなっていたでしょうか。

きっと彼は、彼女を好きになることなどなかったに違いありません。

確かに、後者の言いかたのほうが、ある意味で正しいのかもしれません。修業中の身で、自分の店を持とうと考えることは無謀なことなのかもしれません。

しかし彼は、彼なりに悩み抜いた末に、そのような結論に至ったに違いないのです。それを頭から否定されるようなことを言われたら、彼はますます落ち込んでしまいます。

あなたが彼を本心から好きなのであれば、それが無謀な挑戦であり、失敗する可能性が高いものであっても、応援してあげるしかないのです。それが、ひとを好きになるということなのです。逆にそれが、好きなひとから愛されるヒケツとなるのです。

あなたは、好きなひとの幸福を、自分の幸福と思うようにならなければならないのです。それができるようになった時、あなたは本当に、彼からも愛されるようになるのです。

また、この修業中の料理人である彼も、誰かが応援してくれれば、より勇気を得て、確信を持って、自分の店を持つという希望に向かって邁進《まいしん》することができるようになります。失敗しても当然と思われるようなことでも、自分を応援してくれるひとを得ることで、実現できるようになるかもしれないのです。

不可能が可能になるかもしれないのです。
そしてもし、それをやり遂げることができたなら、その時、彼の彼女への感謝の念は、さらに強いものになるに違いありません。
彼は彼女のことを、一生手放したくない女性だと考えるようになるに違いないのです。

好きなひとに愛される心理法則

011

落ち込んでいる時ほど、
あなたの励ましを必要としている。
落ち込んでいる彼を、元気にしてあげる。

ウォルスターの理論

RULE

012

愛されるひとに共通する「太陽の考えかた」

谷屋香織さん（仮名）という女性を紹介しましょう。

香織さんは、とにかく積極的な女性でした。

男性が女性を口説く時、よく「押して押して、押しまくる」という方法がありますが、香織さんの場合、女性が男性を「押して押して、押しまくる」というタイプなのです。

香織さんは、人前でも平気で、好きな彼に「好き」という言葉を連発します。

それればかりではありません。

実際つき合っているわけではないのに、香織さんは、好きな彼と二人だけになると、まるで恋人同士のような調子で、こんなことを言い始めるのです。

「ねえ、今度の日曜日、どこに連れてってくれる？」

彼は困惑してしまいます。

「そんなこと言われても困る」

「え、なんで？」

「だって、毎週日曜日は、ボランティアの活動があって、それに参加しないといけないから」

「じゃあ、私も、そのボランティア、一緒に行く」

「そんなこと言われても……」

香織さんは、とにかく好きな彼を、自分の意向でがんじがらめにしてしまうのです。

結局香織さんは、好きな彼にふられてしまいました。嫌われてしまったのです。

さて、どうしてでしょうか。


私は、この香織さんのような女性から相談を受けた時は、よくイソップ物語の『北風と太陽』の話をします。

このお話のあらましは、次のようなものです。

ある旅人がやってきます。

その姿を上空から眺めていた北風は、太陽に向かって、このように話しかけます。

「太陽さん、どうだい。一つ遊びをしようじゃないか。あの旅人の着ている衣服を、私とあなたと、どちらが早く脱がせることができるか競争しよう」

北風は、強い風をビュービュー吹かせて、旅人が着ている衣服を吹き飛ばそうとします。

しかし旅人は、北風が強い風を吹かせれば吹かせるほど、背中を丸め、コートの襟をギュッと寄せてしまうのです。

今度は太陽です。

太陽はサンサンと温かい光を、旅人の上へ降り注ぎます。すると旅人は体が熱くなって、着ている衣服を脱ぎ捨ててしまうのです。

ここで言う「北風」とは、香織さんのことなのです。

このイソップの寓話《ぐうわ》には、教訓があります。

それは北風のように、無理矢理相手の心を自分のものにしようとしても不可能だということです。

むしろ相手は、そのような強引な態度に反発してしまうのです。

では「太陽」とは、どういうことなのでしょうか。

それは、温かい気持ちで、好きなひとを見守るということではないでしょうか。

あえて言えば、「奉仕」の気持ちを持つということかもしれません。

「奉仕」というのは、基本的に、相手に代償を求めない行為です。見返りがないということを前提に、相手に尽くす行為なのです。

尽くすということは、相手に物やお金を与えたりすることではありません。

精神的な無償の愛を与えるということなのです。

そのひとが今、いったい何を欲しているのか。どのような気持ちでいるのか。それを理解して、相手が喜ぶような手助けをしてあげる。それが「奉仕」なのです。

ひとは誰でも、好きなひとから愛されたいと願います。

しかし、奉仕の精神というのは、相手からの愛という代償を求めることなく、相手を好きになるということなのです。

そんなことは、「残酷過ぎる」というひとがいるかもしれません。

しかし、ご安心ください。

奉仕の精神で彼を愛し、太陽のような温かい愛で彼を見守っていれば、彼は必ず、しかも自然に、あなたを愛するようになるのです。

逆に愛を無理強《じ》いする時、あなたは裏切られてしまうことになります。

好きなひとに
愛される心理法則

012

力ずくで、好きなひとからの愛を得ようとしてはいけない。
温かく見守るだけで、彼は必ず愛を与えてくれる。

北風と太陽の
理論

RULE

013

どんな美容液よりもあなたを美しくするもの

あなたの恋が成功するか、失敗に終わってしまうのか。その分かれ目は、結局のところ、あなたのふだんの考えかたにかかっているように思います。

一人の男性に、二人の女性が同時に好意を寄せています。

その一人は、いつも物事を前向きに考えることのできる女性です。

彼女は、「私の恋は必ずうまくいく」と強く信じています。

もう一人の女性は、何事にも悲観的な女性です。「こんなことをしたら、彼に嫌われてしまうのではないか」といつもビクビクしています。

さて彼は、この二人の女性のうち、どちらの女性を好きになるでしょうか。答えは前者の、前向きに考えることのできる女性です。

つまり、「ポジティブ・シンキング」のできる女性です。

その理由をお話ししましょう。

まず、この二人の女性では、外見がまったく異なったものになってしまうのです。「ポジティブ・シンキング」ができる女性は、目の輝きが違います。

彼女の瞳は、希望にキラキラと輝いています。肌もイキイキと輝いています。「ポジティブ・シンキング」が彼女の潜在《せんざい》意識に働きかけて、彼女の外見を美しいものにするのです。

女性の美しさは、そのひとが持って生まれたもので決まってしまうのではありません。そのひとの意識の持ちかた、潜在意識の活用の仕方で、変わってくるものなのです。

ですから「ポジティブ・シンキング」ができない女性、悲観的な女性というのは、そのクヨクヨしている感情が潜在意識に伝わって、やはり外見も暗くなってしまいます。

若いひとでも肌のツヤがなくなり、瞳の輝きがなくなり、姿勢も悪くなっていきます。

そんな彼女が、彼にいい印象を持たれるわけがないのです。

さらに彼への態度も、この二人の女性では、異なったものになります。

「ポジティブ・シンキング」ができる女性は、素直に、また誠実に彼に接することができるようになります。そして、彼の前で明るく振る舞うことができるのです。

しかし悲観的な女性は、彼の前でひくつになってしまいます。

したがって、うまく会話をすることができません。

こんなことを言って、こんなことをして、もし彼に嫌われてしまったら、と考えてしまうからです。

今あなたが、このような悲観的な感情で途方にくれているならば、努力してでも思考の仕方を「ポジティブ・シンキング」に変えてみてください。

そのコツは、いつも物事の良い面を見つめること。必ずうまくいくという信念を持つこと。あなたの外見は、「ポジティブ・シンキング」をすることで、さらにいっそう美しくなると信じることです。

その効果は、必ずすぐに表れます。

ウィリアム・ジェイムスという心理学者は、こんなことを言いました。

「苦しいことがあって悩んでいる時にこそ、前向きに考え、明るく振る舞うようにすべきだ」

つまり、苦しいことにクヨクヨ悩んでいると、ますます気分は落ち込んでいく、と言うのです。むしろ、そのような時こそ、前向きに明るく振る舞う。そのほうが落ち込んだ気分から立ち直るのが早いのです。

好きなひとに
愛される心理法則

013

前向きな意識を持つことが、あなたの外見を魅力的にする。「ポジティブ・シンキング」で恋をする。

ポジティブ・シンキングの効果

Q

愛の告白の電話が留守電だったら

愛の告白をしようと思い切って電話をしてみると、
あいにく留守電の応答です。さてあなたはどうしますか。

A　無言で切る

B　そのまま留守電に愛の告白を残す

C　名前を言って、あとでかけ直すと言う

電話は、相手が見えないだけに、本心が出やすくなります。

Aのひとは、彼とチャンスがあっても、今一歩を踏み出せないひとです。心の内部には強い部分もありますが、他人に対してはあまり積極的に接していけないひとです。誠実で、心の温かいひととも言えます。

Bのひとは、性格的には明るく、どちらかというと軽はずみに物事を決めてしまうことがあるようです。彼との間にも、誤解が生じることが多いのです。

Cのひとは、常識派のひとです。彼に対しても、ある程度まではつき合うことがスムーズにできるでしょう。ただ思い切ったアプローチをしたり、冒険するようなことは嫌うひとです。

CHAPTER

3

こうして「心をつかむ」

――「愛情」の作りかた――

RULE

014

頑張らずに「あなたの魅力」を引き出す方法

好きなひとから良く思われたい。

好きなひとができれば誰でも、そう思うはずです。

自分をより良く見せたいという感情は、**心理学では「後光効果《ごこうこうか》」と呼ばれています。**

「後光」とは、ちなみに、仏像や聖人の背後に輝く後輪のことを言います。

しかし、そう思うあまり、必要以上に着飾ったり、メイクを濃くし過ぎたり、あるいは自分の身の上などについて、ありもしないことを言う。そのようなことは、かえって、好きなひとに愛されるためには逆効果になってしまうのです。

私の知っている女性は、まさにそうだったのです。彼女はきれいな女性でした。性格も女性らしく、魅力的なひとでした。

しかし、それだけでは彼女は自分に満足できませんでした。好きなひとの前で、自分の家柄や学歴を詐称したのです。現実よりも自分を、育ちの良い、賢い女性に見せたかったのです。

なにも悪気があったわけではありませんでした。好きなひとから、もっと愛されたいという気持ちが強まり過ぎてしまったのです。

彼女は、運良くその好きなひとと婚約しました。

しかし、その後、彼女のウソが発覚したのです。結局、婚約は破棄されてしまいました。

いったいひとの魅力とは、どんなものなのでしょうか。

ある女性は、自分の容姿にコンプレックスを持っていました。こんな見た目では、好きなひとに愛されないと悩んでいました。

しかし彼女は幸せな結婚をすることができました。

彼女は、とても優しい性格の持ち主でした。動物が好きで、ペットの犬や猫を可愛がっていました。

そのような性格が、結婚した男性から愛されたのです。

また、ある女性は、背が低いことに悩んでいました。今はモデルのように背が高く、スタイルの良い女性でなければ、男性から相手にされないと悩んでいました。しかし、その女性も幸せな結婚をすることができたのです。

彼女と結婚した男性は、女性は小さいひとのほうが可愛らしくていい、と考えている男性だったのです。

ひとの魅力とは、ひとそれぞれなのです。

また、ひとは、自分の魅力というものについて、実は意外と、気づいていない場合が多いのです。先の二人の女性もそうでした。自分の欠点ばかりに気を遣って、性格が優しいとか、可愛らしいところがあるという、自分の魅力については気づいていなかったのです。

あなたは、誰か他人から、それまではまったく気づいていなかった自分自身の魅力について指摘されて、びっくりした経験はありませんか。

たとえば、仕事で上司にレポートを提出すると、「君は、親のしつけが良かったんだね。こんなにきれいな字を書くひとは、今の女性には珍しいよ」と言われました。

あなたは、それまで自分の字がきれいだということも、また親のしつけが良かったということも、まったく意識などしていなかったのです。そんな経験はありませんか。

自分の魅力というものは、そんなふうに、自分自身で気づくよりも先に、誰か他人が気づく場合も多いのです。

自分は何も魅力がない女性だ、などと悩む必要はありません。あなたにも、きっと自分では気づかない魅力があるのです。ただ、それに気づいていないだけなのです。

自分の欠点にクヨクヨ悩んでいるよりも、思い切って、好きなひとに「ねえ、私のいいところって、どこだと思う?」と尋ねてみたらどうでしょうか。あなたの好きなひとは、あなたの気づかなかった魅力を、教えてくれるに違いありません。

そして、それを教えてもらったら、その魅力を、ますます魅力的なものにするために努力していけばいいのです。

自分に自信を持つのです。自分に自信のない女性は、素晴らしい恋愛をすることはできません。

言いかたを換えれば、「後光効果」を得ようと無理をするのは、それだけ自分に自信がないからなのです。

無理に着飾ったり、ウソをついてまで、自分をより良く見せようと思うよりも、結局は自然体で生きるほうがいいのではないかと思います。

ありのままでいいのです。自然体で生きることが、そのひとの魅力を輝かせるためには、もっとも有効だといえるからです。
「後光効果」を得ようと無理をしなくても、あなたには十分な魅力があるのだし、その魅力はしっかりと、あなたの好きなひとの目には映っているのです。

好きなひとに
愛される心理法則

014

ひとは自分を、より良いものに見せたがる。
しかし、あまりに無理をすると、
好きなひとに嫌われてしまう。

後光効果

RULE

015

「これ」ができるひとが愛される

相談者の一人に、次のような女性がいました。

幸運にも、好きなひととつき合うようになったのですが、彼との関係がいっこうに深くなっていかないと言うのです。デートの時なども、彼はいつもそっけない態度ばかりで、彼が本当に自分のことを好きなのかどうか、よくわからないと言うのです。

もしかしたら彼には、自分の他にも好きな女性がいるのではないか。自分とつき合い始めたことを後悔しているのではないか……などと憶測《おくそく》するまでになってしまいました。

しかし実はそうではなかったのです。彼女と話し合ううちに、その理由がだんだんとわかってきました。

彼女は、彼とのデートの度《たび》に、彼の言うことを即座に否定することばかり口にしていたのです。

たとえば彼女が、彼と遊園地へ遊びに行った時のことです。

「ねえ、せっかく来たんだし、あの絶叫マシンに乗ってみようよ」

「え〜。もっとのんびりできる乗り物がいい」

「じゃあ観覧車は……？」

「私、高いところは苦手だし」

「うーん。どこかで食事しながら考えようか」

「私まだ、お腹空《す》いてない」

彼女は意識的に、彼の言うことに否定的な答えを言っていたわけではありません。

何気なく、彼の言うことを否定ばかりしてしまっていたのです。

これでは、彼が気分を害してしまっても無理はありません。

心理学的に言えば、ひとは、むやみに自分を否定されてしまうと、気分を悪くしてしまうものなのです。

好きな彼と二人でいる時、彼があなたに対して言ったことは、たとえどんなことであろうとも、いったんは受け入れてあげることが大切なのです。

たとえ、その内容に反対で、拒絶したいと思うようなことであっても、いったん受け入れてあげるのです。

たとえば彼に、絶叫マシンに乗ろうかと言われたら、たとえ絶叫マシンに乗るのが嫌だという気持ちがあったとしても、

「スリルがあって楽しそう」

と彼の言葉をいったん受け入れてしまうのです。

そして、それから、

「でも私、絶叫マシンは苦手なの。もっとのんびりできる乗り物に乗りたいな」

と自分の気持ちを言えばいいのです。

大切なのは、まず一度、彼の言うことを受け入れる。その上で、あなたの意見や気持ちを相手に伝える。あるいは相手の言うことを、やんわりと拒絶する。そういうことなのです。これは好きなひととデートする時、誰もが注意しなければならないことの一つなのです。

また、たとえば、好きな彼から何か頼み事をされたような時も、それを即座に拒絶してしまうようなことをしてはいけません。

できれば、それが本当は断わってしまいたいようなことであっても、引き受けてあげる

のです。

このように考えてみるのは、どうでしょうか。

彼は、あなたを信頼しているからこそ、そのような頼み事をしてくるのです。あなたを愛しているからこそ、あなたを頼りにして、あなたを必要として、頼み事をしてくるのです。

それを即座に断わってしまうのは、かわいそうなことだと思いませんか。

むしろ、あなたに彼への愛があれば、好きな彼のそのような頼み事は、うれしいことに違いありません。

愛情とは、相手を喜ばせてあげたいと思う気持ちなのです。

その気持ちがあれば、彼の言うことを即座に否定したり、彼の頼み事を拒絶したりすることもなくなるのではないでしょうか。

しかし、頼み事を否定や拒絶ばかりされてしまうと、彼はあなたに愛されていないというように感じてしまうのです。

やがて彼は、あなたに、そっけない態度や冷たい態度をとるようになってしまうのです。

相手の意見や考えかたを尊重してあげる。

そのような意識が身につけば、あなたはもっと彼から愛される存在になるに違いありません。

好きなひとに
愛される心理法則

015

ひとは自分の意見や考えかたを否定されると、嫌な気分になってしまう。
彼の言うことを尊重してあげる。

拒絶の
心理的効果

RULE

016

「聴き上手」が愛される理由

好きなひとから嫌われてしまうタイプに、「無口」と「おしゃべり」というのがあります。

好きなひととのデートで、たとえば、「へ〜」とか「うん」しか口にしないひと。このようなひとは「無口」の典型《てんけい》と言えるでしょう。

このような女性を、男性は、つまらないと感じてしまうのです。

反対に、おしゃべりな女性も、彼の気持ちを落ち込ませてしまいます。

ここで言う「おしゃべり」とは、明るくにぎやかなタイプを言うのではありません。もっと限度を超えた、ひとの心を無視した一方的なおしゃべりのことを言っているのです。

このような女性を、男性は、うるさいとしか思いません。

とにかく両者のタイプとも、たとえ好きなひととつき合うことができるようになっても、その関係がさらに進展することはないでしょう。

ほとんどの男性は、途中で嫌になってしまうのです。せっかくつき合うことができても、結局すぐに「別れよう」ということになってしまうのです。

心理学には「相互作用《そうごさよう》」という言葉があります。

お互いが、お互いに作用し合う関係であってこそ、その恋愛関係はうまくいくのです。

しかし、「無口」、あるいは「おしゃべり」というタイプの女性と彼との関係は、一方通行の人間関係になってしまうのです。

この人間関係には、「相互作用」がないのです。「無口」な女性との人間関係は、いつも男性から話しかけるだけで終わってしまいます。その関係は、男性のほうからの一方通行なのです。

「おしゃべり」な女性との人間関係では、男性は自分の意見を言うことができなくなってしまいます。

その関係は、女性のほうからの一方通行なのです。

人間関係を成り立たせるために必要となるのは、言うまでもないことなのかもしれませんが、二人の会話なのです。会話とは、どちらか一人だけがしゃべるということではありません。

相手がしゃべれば、それにあなたが応《こた》える。あなたがしゃべれば、それに相手が応える。そのような「相互作用」の関係なのです。

しかし、「無口」、あるいは「おしゃべり」な女性との一方通行の人間関係には、人間関係を成り立たせるためにもっとも基本となる、この会話がないのです。

言いかたを換えれば、会話とは、お互いのキャッチボールなのです。二人の間は、「話」という球をキャッチボールする関係なのです。

人間とは、本能的に、自分のことばかり話したいと思う動物なのかもしれません。同時に、自分のことは隠したいと思う本能もある生き物なのかもしれません。

ですから本能に任《まか》せ、そのような自分を放っておくとますますしゃべり過ぎに、または無口になってしまうばかりなのです。

私は読者の女性たちに、よく「聴き上手になりなさい」と言います。「聴き上手」になって、まず彼の話すことにしっかりと耳を傾ける。そのように心がけることが、まず彼との会話を始める第一歩となるのです。

彼の話すことをよく聴いて、それに黙っているのではなく、彼の話に合った話題で返していく。それがお互いの会話をスムーズに運ばせるための第一歩なのです。

そして、それが、ひいては彼との恋愛関係をより充実した深いものにしていくための第一歩となるのです。

また一般的に言って、「聴き上手」の女性は、男性から好かれやすいのです。「聴き上手」の女性というのは、男性の心を安心させ、温かい母性愛のようなものを男性に感じさせるのです。ひとの心というものは、自分の話を聞いてもらうだけでも、楽しい気分になるものなのです。

好きな男性が、何かを話し出します。そのような時、決して無関心な態度をとったり、「だから、どうしたの」というようなことを言ってはいけません。もっと真剣な態度で、彼の話すことに耳を傾けなくてはいけないのです。

彼が話す度に、大きくうなずくようにしましょう。

「そうなの」「なるほど」という言葉で、彼の話すことにあいづちを打ってあげましょう。

さらに質問をするとなおいいでしょう。そして、彼が話し終わった時は、今度はあなたが話す番なのです。

彼が話した内容に、的確に応えるような話をしなければいけません。

しかし、決してしゃべり過ぎないようにするのを忘れないでください。

そのようにして、彼との話のキャッチボールができるようになれば、自然と二人の愛は深まっていきます。

好きなひとに
愛される心理法則

016

会話とは、二人の話のキャッチボールだ。
一人でおしゃべりになったり、
無口になったりするのはやめる。

相互作用の
恋愛関係

RULE

017

愛されるひとは知っている
この「常識」

心理学に「ステレオタイプ的認知」という言葉があります。

これは、簡単な言いかたをすれば、「思い込み」ということです。

「あのひとは血液型がA型だから、神経質な性格だろう」

「星座が獅子座《しし》のひとは、明るいひとが多い」

「あのひとは唇が薄いから、冷たい性格だ」

そのような、いわば既成概念《きせいがいねん》から、「あのひとは、こういう人間だ」と思い込む。そのような人間の心理的傾向を、「ステレオタイプ的認知」と呼ぶのです。

塚田美咲さん（仮名）という女性がいました。

美咲さんは女子大生だったのですが、ある日、同じ大学に通う男性から「つき合ってほしい」と言われたのです。

その男性は、大学の柔道部に所属する学生でした。

美咲さんは思いました。

「柔道部か……。体育会系の男性は、推薦《すいせん》で大学に入学したひとが多いはず。彼も、そうに違いない。つまり頭が悪い。頭が悪ければ、いい就職先も見つからないだろうし、出世も望めない。将来的な収入も良くないだろうし、そんなひとと結婚しても、私が幸福になれるとは思えない。でも、今つき合っている男性もいないし、遊び半分の気持ちで彼とつき合ってもいいか。どうせ彼と結婚するわけじゃないんだし……大学を卒業したら、別れればいいんだから」

そして美咲さんは、柔道部の彼と交際するようになったのです。

それから間もなくのことでした。

美咲さんに、「つき合ってほしい」と言い寄ってくる、もう一人の男性が現れたのです。

この男性は、美咲さんが柔道部の彼と交際していることなど知らなかったのです。

「今度の彼は、法学部か……。法学部はうちの大学の看板学部だし、優秀なひとばかり。就職先も一流企業ばかりだし、出世するひとも多い。結婚するなら、絶対法学部の彼のほうがいい。もう柔道部の彼とは別れよう。それで法学部の彼とつき合おう。そのほうが私、将来幸せになれる可能性が高い気がする」

そんな風に考えた美咲さんは柔道部の彼と別れると、法学部の彼と新しく交際するようになったのです。

ところがです。

「幸せになれる」はずだった美咲さんは、その後、不幸のどん底に突き落とされる結果となってしまったのです。

法学部の彼には、美咲さんの他に、「彼女」がいることが発覚したのです。つまり法学部の彼は、フタマタをかけていたわけです。

美咲さんは、

「その女性と別れて、私とだけ交際してほしい」

と彼に言いました。

すると彼は、

「別れるんなら、君のほうと別れたい」

と美咲さんに言ったのです。

さて、柔道部の彼は、美咲さんと別れた後、美咲さんの友達であった女性と交際するようになりました。

そしてその後、大学を卒業して、「頭が悪いから一流企業になど就職できない」と美咲さんに思われていた柔道部のその彼は、美咲さんの予想を裏切って一流企業に就職し、美咲さんの予想をこれまた裏切って出世し、美咲さんの友達である女性と結婚して幸せに暮らしているというのです。

美咲さんはそれ以来恋人すら見つかっていません。

この美咲さんの事例は、いわゆる「ステレオタイプ的認知」から恋人を選ぶと、後々いかに痛い目に遭《あ》うかということを実証しています。

既成概念の型にはめて相手を理解するのではなく、本当に自分が好きなのは誰なのか、自分の気持ちに素直に従って判断したほうが、結局は、幸せを手に入れることができるということなのです。

ひとがひとを好きになる理由に、世間的な常識や価値判断など関係ありません。

そのような、いわば外部の情報に惑《まど》わされるのではなく、自分自身の心から聞こえてくる情報に、しっかりと耳を傾けるべきなのです。

それができれば、美咲さんのように不幸になることはありません。

好きなひとに
愛される心理法則

017

世間的な既成概念や価値判断から、
ひとは、「あのひとは、こういう人間だ」と思い込む。
しかし、そのような情報に惑わされると、
本当の恋ができなくなる。

ステレオタイプ
的認知

RULE

018

「恋のなわばり心理」をコントロールする効用

長田優花さん（仮名）という女性のことをお話ししましょう。

優花さんは、いわゆる嫉妬心《しっとしん》の強い女性でした。

好きな男性ができ、幸いその男性とつき合うことができるようになったのですが、その男性がちょっとでも他の女性と楽しそうに話しているところなどを見かけたりすると、たちまち嫉妬心を燃やしてしまいます。

「本当は、あの子のことが好きなんじゃないの？」とその男性に食《く》ってかかるのです。

また、いつでも彼と話していたいという気持ちから、真夜中の、彼が眠っているような時間にでも、平気で電話をかけたりするのです。

ある日、こんなことがあったそうです。

彼とのデート中の出来事でした。

二人でカフェに入りました。途中彼が、「ちょっとトイレに行ってくる」と席を立ちました。

テーブルの上には、彼が置き忘れていったスマホが置かれていました。

優花さんはそのスマホを覗《のぞ》き見てみたいという衝動にかられました。ひとの持ち物を勝手に覗き見ることには罪悪感もありましたが、見たいという衝動には勝てませんでした。

彼女は彼のスマホに恐る恐る手を伸ばし、そして画面を見たのです。

すると、優花さんの知らない女性の名前の着信履歴が残っていたのです。

優花さんは強い怒りを感じました。自分の知らないところで、彼が浮気をしていると思ったのです。

彼がトイレから戻ってくると、優花さんは、彼のスマホを握りしめ、着信履歴の画面を指し示し、

「この女のひとは誰?」

と怒った口調で彼を問い詰めました。

彼は困惑するどころか、カンカンになって怒り出しました。

「いくら恋人だからって、ひとのものを勝手に見るな」

と言うのです。

「ごまかさないでよ。この女のひとは誰なの？」

と優花さんは、さらに彼を問い詰めようとしました。

二人はとうとう激しい口ゲンカになってしまい、この時のケンカが原因で別れることになってしまったのです。

ところで、優花さんの恋人だった男性は、実際は浮気などしていなかったのです。着信履歴にあった女性の名前は、ただの知り合いに過ぎなかったのです。

ひとはなぜ、嫉妬という感情を持つのでしょうか。

心理学では、「恋のなわばり心理」という言いかたがよくされます。

「なわばり」とは、私たちが日常的によく使う、あの「なわばり」という言葉と同じような意味です。

多くの動物が、自分の「なわばり」を持っていることは、よく知られたことです。動物の場合はエサの確保のために「なわばり」を持ちますが、ある一定の地域を占有《せんゆう》し、その地域に入り込んでくるものを敵と見なして排除しようとするのです。

人間にも、このような「なわばり心理」があるのです。

そして、恋愛においても、「好きなひとを自分だけのものにしたい」「好きなひとを他のひとに奪われたくない」という、いわば「なわばり心理」が働くのです。

嫉妬という心理も、この「恋のなわばり心理」から派生《はせい》する感情の一つなのです。

しかし、好きなひとを独占したいという気持ちがあまりにも強過《つよす》ぎると、この優花さんの場合のような悲劇が生まれてしまうのです。

好きなひとを自分だけのものにしたいという感情は、ある意味で自然な感情です。それを否定することはできません。しかし、それと同じくらいに、相手の人生を尊重してあげるという意識も大切なのです。

相手をがんじがらめに縛《しば》り付けてしまったり、相手の自由を奪ってしまうのは、相手を尊重していません。

相手も一人の人間であることを理解しなければなりません。あなたの人形ではないのです。

よく世間で、「相手の迷惑になるようなことはしてはいけない」と教えられます。

このことは、恋愛でも当てはまることなのです。

真夜中に電話をしたり、彼のスマホを勝手に覗き見ることは、相手の迷惑になることなのです。

言いかたを換えれば、相手を尊重し、迷惑にならないようなつき合いかたができれば、好きなひとに嫌われてしまうこともないのです。

好きなひとに
愛される心理法則

018

好きなひとを「自分だけのものにしたい」という感情は自然なもの。

しかし、その思いだけが強くなり過ぎると、相手から嫌われる。

恋のなわばり心理

RULE

019

「愛される」ではなく「愛する」ひとが幸せになれる

野上美香さん（仮名）という女性がいました。

美香さんは、ある男性（A氏）とつき合い始めて半年になるところで、私に相談にやってきました。

今つき合っている彼を、どうしても好きになれなくて悩んでいるというのです。

美香さんはもともと、彼のことをそれほど好きではありませんでした。好きな男性（B氏）は他にいたのです。

しかし、A氏から熱烈に愛の告白を受けて、押し切られたというような形でつき合うようになったのです。

それには理由がありました。

美香さんが本当に好きだった男性B氏には、もうつき合って長い女性がいたのです。

美香さんがいくら頑張っても、彼女から彼（B氏）を奪うことは不可能のように思われました。

美香さんは半分は、もう彼（B氏）のことはあきらめかけていたところだったのです。

そのような状況の時に、A氏から熱烈なアプローチを受けたのです。

美香さんとA氏は、会社の同僚でした。

同じ部署で、日常的に顔を合わせている間柄だったのですが、美香さんは彼に恋愛感情を抱いたことなどほとんどなかったと言います。

つき合い始めてからも同様で、「恋人がいないよりは、いたほうがいいから」ぐらいの気持ちでした。

いっぽう彼のほうは熱心でした。

高価なプレゼントを買ってくれたり、高級イタリアンのお店に連れて行ってくれたり、休日には必ずデートに誘ってくれたりしました。美香さんは、プレゼントをされれば素直に受けとり、デートに誘われればＯＫの返事はしますが、それほどうれしいという感情は生まれませんでした。

そんな彼から、ある日美香さんは、結婚してほしいと言われたのです。

美香さんは、果たしてそのような関係の彼とそのまま結婚していいものかどうなのか、迷って悩んでいたのです。

ところで心理学には、「自我関与《じがかんよ》の心理効果」という言葉があります。

積極的に自分から働きかけたことに関しては熱意が加わるが、他人から言われて受動的に対応したことに関しては熱意が起きないという、人間の心理的傾向のことを言います。

たとえば子供の時に、このような経験をしたひとも多いのではないでしょうか。

母親から、「勉強しなさい、勉強しなさい」と口やかましく言われる。そうすると、何か勉強するのが嫌になってしまう。反対に、自分がみずから興味を持って勉強を始める時は、母親に「勉強しなさい」と言われなくても、自分のほうから参考書を買ってきていろいろ調べ物をしたり、図書館に通ったり、先生のところへ質問をしに行く。これも「自我関与の心理効果」と呼ばれる、人間心理の特徴の一つなのです。

美香さんの場合を見てください。

この場合にも、「自我関与の心理効果」が働いているように思われるのです。

美香さんが、A氏とつき合うようになったのは、みずからが積極的にA氏に働きかけたからではありません。

むしろ美香さんは、向こうが自分を好きだと言うから、ある意味で仕方なく、彼の好意を受け入れたに過ぎないのです。

ですから今一つ、彼との関係に熱心になることができないのです。美香さんのつき合いには、「自我関与」というものがないのです。

結局、美香さんは彼とは結婚しませんでした。

恐らく美香さんは、プロポーズを受け入れて彼と結婚していたとしても、その結婚はうまくはいかなかったのではないでしょうか。

ヘルマン・ヘッセというドイツの文豪は、「愛されることは幸福ではなく、愛することが幸福である」と言いました。つまり、この美香さんの場合で言えば、みずから愛するのではなく、ただ相手から愛されるという彼との関係のまま結婚しても、美香さん自身は幸福を手にすることはできない、ということなのです。

一般的に女性は、恋愛においては、受動的な存在であるように思われています。女性自身、自分を、そのように考えているひとも多いようです。「相手から愛されるだけで私は幸福になれるのだ」と。

確かに、「愛される」ということは幸福には違いありません。しかし、自分のほうから

も相手を「愛する」という気持ちがなければ、決して幸福は訪れないのです。

好きなひとに
愛される心理法則

019

「愛される」ことだけに満足してはいけない。
自分のほうからも「愛すること」がなければ、
幸福にはなれない。

自我関与の
心理効果

RULE

020

「三つのポイント」であなたの魅力が伝わる

次のように、ある女性から尋ねられたことがあります。

「彼氏とのデートの時、どのようなことに気を遣えば、可愛い女性だと思われるでしょうか？」

心理学で言われていることを、お話ししましょう。

異性の関心を自分に引きつけるためには、三つの大切な要素があると言われています。それは、まず「笑顔」、次に「身体的な触れ合い」、最後に「視線」です。

「笑顔」は、言うまでもないことです。

デートの最中にムスッとした顔ばかりしていたのでは、相手はあなたのことを不愉快に思うのは当たり前です。

「笑顔」というのは、そのひとの、うれしさ、喜び、楽しさの、身体的な表現方法です。

ですから、「笑顔」を見せるということは、「私はあなたと一緒にいることができて、うれしい、楽しい」ということの意思表示になるのです。

次には「身体的な触れ合い」です。

ここで言う「身体的な触れ合い」とは、たとえばデートの時、彼と手をつないだり、肩を寄せ合ったりする、そのようなことを意味しているのです。

言いかたを換えれば、スキンシップということを意味しているのです。

これに関しては、心理学の面白い実験があります。

二人のひとがカーテンを隔《へだ》てて立っています。

カーテンがあるために相手の顔を見ることはできません。

そのような状態で、お互いに握手をしてもらいます。

そして握手をしてから、相手に対しての印象を聞くのです。

もう一方の実験では、二人の間を隔てるカーテンはありません。お互いにお互いの顔を見ることができる状態にあるのです。

しかし相手と握手はしません。

つまり相手の体に触れないまま、相手に対する印象を聞かれるのです。

すると、たとえ相手の顔は見えなくても、相手と握手をした前者の実験例のほうが、相手に対して好印象を持つひとが多かったという結果が得られたのです。

これが「身体的な触れ合い」の心理効果なのです。

つまり、好きなひととのデートの時は、彼と手をつないだり、肩を寄せ合ったりするほうが、彼から好感を持たれるようになるということなのです。

さて、「視線」の問題です。

「視線」は、先の「笑顔」と「身体的な触れ合い」に相乗効果《そうじょうこうか》をもたらす力があります。

同じほほえむにしても、また同じ手を握るにしても、相手の視線に自分の視線を合わせながらするのとしないのとでは、その効果がまるで違ってくるのです。

もちろん相手と視線を合わせながら、ほほえんだり、手を握ったりするほうが、相手への印象はより良いものとなるのです。

彼との恋愛が始まった当初は、彼と視線を合わせることが、なんとなく怖くてできないという女性も多くいます。

しかし、勇気を出して彼と視線を合わせたほうが、ほほえみの効果は全然違ったものになってくるのです。

体の中でも、目というものは、そのひとの心の中の状態をもっともよく表す器官なのです。欧米では、目は「心の窓」と言われているくらいです。

言いかたを換えれば、相手の視線から自分の目をそらせたり、あるいはキョロキョロと目を動かすのは、相手に不信感を抱かせる原因にもなってしまいます。

日本では、あまりに相手の目をじっと覗き込むような態度は、相手に対して失礼になるという考えかたもありますが、恋愛に関しては逆のことが言えます。

まあ、当然、あまりにも不自然に相手の目をじっと見るのは良くありませんが、自然な形で彼と視線を合わせることは大切なことなのです。

好きなひとに
愛される心理法則

020

デートでは、「笑顔」「身体的な触れ合い」「視線」、この三つに気を遣おう。
それがうまくできれば、彼はもっとあなたのことを好きになる。

「笑顔」と「身体的な触れ合い」と「視線」の心理効果

RULE

021

「一人の時間」があなたの魅力を育てる

クライアントである女性に、次のようなことを尋ねられたことがあります。

「三年ほどつき合っていた彼と別れてしまいました。今、私には彼氏がいません。寂しいです。新しい彼氏を作りたいです。新しい彼氏を作って、この寂しさから早く立ち直りたいのです。実際、新しく好きになったひともいます。どうすればいいのでしょうか」

この女性の「新しく彼氏を作らなければ……」と焦る気持ちは、よくわかります。

しかし、あまり、焦らないほうがいいのではないでしょうか。

以前つき合っていた彼と別れた時に受けた心の傷が癒されるまで、ゆっくりと気長に待ってみても、いいのではないでしょうか。

その心の傷が癒されないうちに、たとえ新しい恋人と交際を始めたとしても、必ずしもうまくいくとは限りません。

と言うのも、この女性は、「新しく好きになった彼がいる」と言っていますが、言葉通り、そのひとを「好き」ではないようにも思われるからです。

彼女がそのひとを好きになったのは、「以前つき合っていた彼と別れた時に受けた心の傷から早く立ち直りたい」からなのであり、本心から純粋に、そのひとを好きになったのではないように思われるからです。

過去の恋人の記憶を完全に断ち切って、新しく好きになった彼への気持ちが純粋になるまで、そのひととの交際は待ってみてもいいのではないか、と思うのです。

むしろ私は、彼女に、

「一人でいる時間を、もっと楽しむように」

と言いたいのです。

恋人がいない、という状況は、確かに寂しいものです。

しかし、一方では、楽しいものでもあります。

恋人がいる時には、何よりも恋人と一緒にいる時間が優先されます。

ですから、おのずと「一人でいる」時間が後回しになってしまいます。自分の趣味である、たとえば読書やダンス、フラワーアレンジメントなどに時間を費やしたいと思っても、恋人からデートに誘われれば、そのような自分の趣味の時間を犠牲にして、デートに出かけなければなりません。

しかし、「一人でいる」時は、そのような趣味に十分に時間を費やすことができるのです。

また、以前からゆっくりと話をしてみたかった男友達などにも、「一人でいる」時には、自由に会うことができます。

恋人がいる時は、恋人への体裁《ていさい》もあって、男友達と会ったりはなかなかできないものです。これも「恋人のいない」「一人でいる」ことのメリットの一つです。

つまり、「一人でいる」という時間は、自分を磨くことのできるチャンスとなるのです。

自分を磨く時間を持つということは、とても大切なことなのです。

苦手だった料理を習得するために、料理教室へ通うのもいいでしょう。

それは将来的に、誰かと結婚した時に必ず役立つと思います。

ふだんは読むことのない海外の文芸作品や人生哲学書を読んでみるのもいいでしょう。

そこには様々な人間の生きかたや考えかたが載っています。

それを読むことによって、知識は豊富になるでしょうし、他人の心への想像力が働くようになります。

その結果、他人への思いやりや優しさを身につけることができるようになります。

それは、また将来的に、新しい恋人ができた時に、きっと役立つことになります。

最近では新聞をとらないひとが多いですが、新聞をとって、新聞の切り抜きを始めてみるのも、いいかもしれません。

新聞をじっくり読むことによって、今社会で何が問題となっているのか、よくわかるようになります。

それは、あなたの知性を高め、知的な女性として、あなたは周囲から注目されるようになります。また、一人旅に出るのも気分転換にいいでしょう。

このような時間は、恋人がいる時はなにかと忙しくて、なかなかできないものなのです。

「一人でいる」時こそ絶好のチャンスとなるのです。

また、その「一人でいる」時間は、自分自身を大切にする時間でもあるのです。

自分を愛する。自分を大切にする。そのようなことができてこそ、初めて、ひとを愛し、ひとから愛される存在になることができるのです。

自分を大切にできないひとは、結局ひとを純粋な気持ちで愛することができず、またひとからも真剣に愛されることはありません。

好きなひとに
愛される心理法則

021

自分を大切にすることができるひとは、
愛されるひととなる。
「一人でいる」時間を大切にする。

自愛思考の
心理効果

RULE

022

こんな「心の習慣」を持つひとが愛される

ある女性は、自分が「太っている」ということに強いコンプレックスを抱いていました。もちろん、やせるために様々な努力をしました。食事の回数を減らしたり、甘いものを食べないようにしたり、スポーツジムへ通って水泳をしたりしたのです。しかしいっこうに彼女の体重が減ることはありません。

彼女には、つき合っていた恋人がいたのですが、「このままやせられないでいたら、いつかきっと彼に嫌われてしまうに違いない」と悩むようになりました。頑張っても頑張ってもやせられず、彼女は苦しみました。

そして、とうとう、こう思うようになったのです。太っている女性は男性に嫌われる。いつか自分も彼から「さようなら」と言われてしまうだろう。だったら、彼にそう言われる前に、自分から彼に「さようなら」と言おう。

彼女は、その思いを実行に移しました。本当に彼に「別れてほしい」と言ってしまったのです。

彼は、「どうして?」と彼女に聞きました。

「どうして別れる必要があるの? 僕たち、こんなに仲がいいのに」

彼女は、「でも私、太ってるでしょ」

彼はきょとんとした顔をしています。彼女の言葉が理解できないようなのです。

「あなたも、太っている女性なんて、嫌いでしょ?」

彼は、やっと理解したようでした。

「なんだ、そんなこと気にしてたの。僕は君が太ってることなんて全然気にしてないよ。むしろポッチャリしている所が魅力的と思ってる。それに君は、とても目がきれいだ。僕は君の、その目が好きなんだ」

その彼の言葉を聞いて以来、彼女は、自分が太っているというコンプレックスに悩まなくなったのです。

つまり自分という存在に、自信が持てるようになったのです。

ひとというのは、自分の欠点を意識し始めると、そのために「私はまったくダメな人間なんだ」と思い込むようになってしまいがちです。いいところがあるにもかかわらず、欠点のことばかりに意識が集中し、自分のいいところに意識が向かなくなってしまうのです。

そのために悩み、人生を悲観的に考えるようになってしまいます。

しかし、です。たとえ一カ所でもいいから、自分のいいところに気づいているひとは、自分の人生に自信を持つことができます。たとえ、そのひとが多くの欠点を持つひとであったとしても、そのことにクヨクヨ悩んだりすることがないのです。

自分に自信を持つことは大切なことです。

自分に自信を持つひとは、表情も明るく、イキイキとしています。そしてそれが、好きなひとに愛されるコツなのです。一つだけでもいいのです。自分の自信になるようなものを見つける努力をすることが大切です。

好きなひとに
愛される心理法則

022

自分に自信を持つひとは、
表情も明るく、イキイキとしている。
それが、好きなひとに愛される
一番の方法である。

自分に自信を
持つことの
心理効果

Q

カップルのゆくえは

あなたが二階の窓を開けると、外にカップルが見えました。
このカップルは、この後どうなるでしょうか。

A　別れる
B　結婚する
C　友人のままでいる

外に見えるカップルというのは、あなた自身と彼の関係を示しています。心理学的には“投影“と呼ばれています。つまり、別のカップルに対して言っていることが、本当は自分たちの将来への暗示なのです。
Aのひとは、彼と別れるのではないかという不安のあるひとです。何か思い当たる原因はありませんか。
Bのひとは、できることなら彼と結婚したいなあ、という願望を持っています。どうせなら、思い切ってアプローチしてみるのもいいでしょう。
Cのひとは、もしかしたら彼とずっと友人関係のままなのではないか、というあなたの心の状態を示しています。もう一歩、進んだ関係にするための努力もしてみるといいでしょう。

CHAPTER

4

こうして彼の「心を離さない」

――「信頼」の作りかた――

RULE

023

「ある」ものを大切にするひとが愛される

彼とのつき合いが深くなってくると、だんだん彼の欠点も見えてくるものです。

確かに、つき合い始めた当初は、彼のいいところばかり、つまり長所だけが目に入ります。

「彼は性格が優しい」「彼は、きれいな目をしている」、そんなふうに彼のことを考えます。言い換えれば、彼のそんな長所が気に入ったからこそ、好きになったのです。

しかし、つき合いが深まるにつれて、

「性格は優しい。だけど背が高かったら、もっと良かったのに」

「彼は、きれいな目をしている。だけどしゃべりかたが下品だ。もっと上品にしゃべれないのだろうか」

などと考えるようになるのです。

そして女性によっては、

「彼よりももっと素敵な男性が他にいるんじゃないか」

と考えるようになります。

この「……だったら、もっと良かったのに」「他に、もっといいひとがいるんじゃないか」といったことを考えるようになる人間心理は、「青い鳥シンドローム」と呼ばれています。


彼とのつき合いが安定期に達した頃、起こる現象です。

女性の心理にばかり起こる現象ではありません。

男性にも、このような心理現象はあります。

いいえ、実際は、このような心理現象は男性のほうが多いのかもしれません。

たとえば男性の浮気などは、多くの場合、この「青い鳥シンドローム」から引き起こされるものなのです。

それはともかく、ここでは、佐々木理恵さん（仮名）という女性を紹介しましょう。

理恵さんも、彼とのつき合いが、ちょうど三年目に入った時でした。

この「青い鳥シンドローム」に心を侵《おか》されてしまったのです。

理恵さんの彼は、ある建設会社に勤めていたのですが、不景気のあおりを受けて会社が倒産してしまったのです。

彼はもちろん再就職先を探しましたが、なかなか見つかりません。収入を得る方法を断《た》たれてしまったわけですから、理恵さんとデートをするお金にも不自由するようになっていきました。

それまでは、デートの時は、彼の車でドライブ、食事をするにしても高級なレストランに入るのがほとんどでした。

それが職を失ってからは、車だとガソリン代が高くつくので電車を使うようになりました。

食事もファミレスで済ませるようになりました。

理恵さんは、そんな彼とのデートに、だんだんと不満を感じるようになったのです。

そんな時でした。

彼女に、あるお金持ちの男性が言い寄ってきたのです。

彼が言うには、「君のことが前から好きだった。君に彼氏がいることは知ってるけど、好きで好きでたまらない。この気持ちは抑えられない」とのことなのです。

それからは、高級なアクセサリー、バッグ……そんなプレゼントが山のように彼女のもとへ届けられるようになったのです。

理恵さんは、ついふらふらっときてしまいました。

「このまま今の彼とつき合っていても、自分がみじめになるだけ。このお金持ちの彼とつき合うほうが、もっと楽しいはず」

理恵さんは、そう思いました。

そして理恵さんは、それまでつき合っていた彼に別れを告げると、お金持ちの男性に乗り換えてしまったのです。

しかし、これが悲劇でした。

お金持ちの彼との関係が深まった時、理恵さんはその彼から、次のように言われてしまったのです。

「君との関係は、僕にとって遊びなんだよ。実は、僕には婚約者がいるんだ」

理恵さんは、見事に裏切られてしまったのです。

ないものねだりの「青い鳥シンドローム」からは、たいてい、このような悲劇がもたらされてしまうものです。

好きなひとに
愛される心理法則

023

恋愛関係が安定してくると、
ひとはないものねだりを始める。
しかし、そのような心理では、
幸福を手にすることはできない。

青い鳥
シンドローム

RULE

024

「信頼される」ための小さいけれど大切な習慣

人間関係というものは、相手に慣れてくるに従って、だんだんとルーズになっていくものです。

飯田彩乃さん（仮名）という女性を紹介しましょう。

彩乃さんは、好きなひととつき合い始めた当初、決して待ち合わせの時間に遅れてくるような女性ではありませんでした。

それが、いったんお互いに恋人と呼べるような関係が築かれた後は、たちまち時間にルーズになり、待ち合わせの時間に三十分も一時間も遅れるようになってしまったのです。

また、こんなこともありました。

彼と彩乃さんは、クリスマスイブにデートをする約束をしていました。

彼は苦労してやっとのことで高級ホテルのディナーを予約することができました。

しかし、クリスマスイブの前日に、彩乃さんは、友人たちとの食事会を理由に彼とのデートをキャンセルしてきたのです。

彼は大変楽しみにしていたので、約束を破った彼女の態度に激怒してしまったのです。

そのことだけが原因ではありませんが、それをきっかけとして、その後二人の関係は急速に冷めていったのです。

約束したことは必ず守る。いや、たとえ仕方なく約束を守れなかったとしても、守るように精一杯努力する。これは人間関係における基本的なマナーなのです。

そして、これは繰り返し言っていることなのですが、人間関係における基本的なマナーは、やはり恋人同士であっても守らなければならないマナーなのです。

相手が恋人だから、基本的なマナーを守らなくてもいいということはないのです。

実は、彩乃さんは、私にこのように言ったのです。

「恋人なんだから、少しぐらい約束を守らないことがあってもいいじゃないですか。お互いに好きなんだから、少しぐらいのことは許してくれてもいいと思うんです。恋人同士は特別な関係なんだから……」

確かに恋人同士というのは、特別な人間関係です。

しかし忘れてはいけないのは、たとえ特別な人間関係であろうとも、それも人間関係であることに違いはないということなのです。

ですから、普通の人間関係においてしてはいけないことは、相手が恋人であってもしてはいけないのです。

彩乃さんには少々、恋人への甘えがあったのではないでしょうか。

しかし、約束を守らないということは、相手が恋人であっても許されることではありません。

また、この甘えは、彩乃さんの事例でも見られるように、相手との関係が深まっていくにつれて大きくなっていくもののようです。

しかし、これも、いくら相手との関係が深まったとしても、許されることではないのです。

相手との信頼関係というものは、小さな約束事をしっかりと守っていってこそ成り立つものなのです。

それを確実なものにするためには、長年に渡って、約束を着実に守っていくという努力が必要なのです。

しかし反対に、相手との信頼関係を崩してしまうのは簡単です。

一つの約束を守らなかったことが、長年に渡る努力をあっという間に崩壊させてしまうのです。

「十」あった約束を「九」着実に守ったとしましょう。

しかし、守らなかった一つの約束がすごく大切なものであったとすれば、それだけで、

「あのひとは、信用できないひとだ」

と決めつけられてしまうのです。

信用できないと相手から思われてしまったら、もう、その恋愛関係は終わりになります。

それ以上の進展はありません。将来的に、あなたが恋人との結婚を願っていたとしても、相手はそれを拒否してしまうことになるに違いありません。

ちなみに、この彩乃さんという女性は、とても美人で、頭も良く、多くの男性の憧れの的となるような女性でした。

それでも、約束を守らなかったということで、結局は破局を迎えてしまったのです。

好きなひとに
愛される心理法則

024

〝小さな約束〟を一つひとつ守ることで、
相手との信頼関係が築かれる。
恋人との約束は必ず守る。

約束を守ることの
心理効果

RULE

025

好きなひとと瞬時に打ちとけ合える「サービス」

木村さくらさん（仮名）は、恋人間に、こんな出来事があったそうです。

ある日のことでした。

その日、さくらさんは、彼の暮らすアパートの部屋で、彼と二人きりの時間を過ごしていました。二人は楽しい時間を過ごしていたのですが、一瞬、二人の会話がふっと途絶えた時がありました。

その時です。

彼のお尻のあたりから、「プッ」という音が聞こえました。

彼が、オナラをしたのです。

しかし、彼は、オナラをしたくてしたわけではなかったのです。彼は、いわば冗談のつもりで、さくらさんを笑わすつもりでオナラをしたのです。

しかし、さくらさんは笑いませんでした。

笑うどころか、カンカンになって怒り出してしまったのです。

彼は、

「冗談だって〜。許してよ」

とさくらさんに言いましたが、彼女は、

「最低！　ありえない」

と言い張りました。

とうとう彼も怒り出してしまいました。

「君が、そんなに冗談が通じないひとだとは思わなかった。君と今後、うまくやってく自信がなくなっちゃったよ」

とまで彼は言い出しました。

さくらさんも引っ込みがつかなくなり、

「じゃあ別れる？」

と言ってしまったのです。

確かに、さくらさんは、真面目過ぎると言うか、冗談を理解するような女性ではありませんでした。

これは極端な話ですが、一般的に冗談を理解しない、ユーモアのセンスのない女性というのは、男性にとっては、つき合いにくいと感じる傾向があるようです。冗談の通じない女性というのは、一緒にいて疲れる、面白味がない、と言う男性も多いのです。

一方ユーモアのセンスのある女性は、一緒にいて楽しいし、より打ちとけた雰囲気を作ることができる。そのように多くの男性は思うようです。

時に男性のユーモアは、事例での彼のオナラのように、女性にとっては下品なものとして受けとられてしまうこともあるようです。

下品なものは論外ですが、

「笑い」は、恋人同士の関係をより親密なものにしてくれる効果があります。

あなたの身の回りにうまくいっているカップルがいたら、二人の様子をよく眺めてみてください。うまくいっているカップルほど、よく笑い合っているものです。

このような二人の間には、いつもユーモアあふれた会話が交わされているのです。

また「笑う」ことは、心の健康にもいいのです。

これは科学的にも実証されています。

「笑い」は、ひとの副交感神経の働きを活発にし、末梢《まっしょう》血管を広げ、体の血液の循環を良くします。また血圧を下げ、心臓の負担を軽くします。

つまりひとを元気にしてくれるのです。

また、免疫力を高める効果もあります。

健康的で明るい女性ほど、男性から好感を持って見られるということは言うまでもありません。

顔色の悪い、不健康そうな女性は、男性から見て魅力的には映《うつ》りません。

あなたも自分の健康のためにも、また好きな彼との関係を円滑にするためにも、ぜひユーモアのセンスを磨くとよいでしょう。

もちろん彼の言う冗談が、まったく面白くない、つまらないと感じてしまうこともあると思います。

しかし、そこで愛想笑いでもいいから笑ってあげるのが、優しさというものではないでしょうか。

それは好きな彼への一種のサービス精神なのです。

好きなひとに
愛される心理法則

025

「笑い」は、恋人との関係をより親密にする効果がある。
ユーモアのセンスを身につける。

ユーモアの
心理効果

RULE

026

「涙」よりも効果的な女の武器

ある男性から受けた相談を紹介してみましょう。

阿部翔太さん（仮名）は、ある女性とつき合い始めて、ちょうど半年経っていました。まだまだ、いわば「アツアツ」の段階です。しかし最近、彼女との関係がうまくいっていないと言うのです。

理由は、彼女の「涙」にありました。ささいなことで彼女はすぐに泣き出してしまう。いくらなぐさめても彼女は泣いてばかりいる。もう嫌になってしまったと言うのです。

ある日のことです。二人で腕を組んで道を歩いていました。

すると向こうから、スタイルのいい、おしゃれな、美しい女性が歩いてきました。その女性とすれ違う時、阿部さんがチラッとその女性に目をやったと言うのです。

しかし、何か特別意識するものがあったわけではなかったのです。

本当に、阿部さんは、チラッとそのひとのほうに視線をやっただけなのです。

それに阿部さんの彼女が気づきました。すると彼女は、涙をボロボロ流しながら、

「私を好きじゃないから、他の女のひとのことが気になるんだ」

と泣き始めたと言うのです。

いくら「違うよ、ちょっと見ただけでしょ」と言っても、彼女は泣き止みません。そして、とうとう、その日別れるまで、ずっと泣き続けていたと言うのです。

こんなこともあったそうです。

その日は阿部さんの誕生日でした。

誕生日のお祝いにということで、彼女が阿部さんに手料理を振る舞うことになりました。しかし不幸なことに、その食事のメニューには阿部さんが嫌いなピーマンを使った料理があったそうです。

阿部さんは、そのピーマンを使った料理を食べ残してしまいました。すると彼女は、

「どうして食べてくれないの？　私の作った料理は、そんなにまずい？」

と言って、またボロボロと泣き出したと言うのです。

いくら言いわけしても、なぐさめても泣き止《や》みません。

阿部さんは、「いいかげんにしてよ！」と彼女を怒鳴りつけてしまいました。

すると彼女はまた、火がついたように泣き出してしまうのです。

「あんなに泣かれてばかりだと、疲れてしまいます。

はっきり言って、もう彼女とは別れたい気持ちなんです」

と、阿部さんは言うのです。

確かに涙もろい女性はいます。

また男性によっては、女性の涙には弱いというひともいるでしょう。

しかし、それも限度があります。阿部さんの彼女のように、事あるごとに泣いてばかりいたのでは、男性も嫌になってしまいます。

心理学では、身体的に何かの変化が起こった時、それに伴って心に情動が生じると言われています。つまり簡単に言えば、悲しいから泣くのではなく、泣くから悲しくなるということも多々あると言われているのです。

涙もろい女性というのは、たいてい、そういうものなのです。

悲しい出来事があって、ふっと目頭が熱くなる。それを意識すると、心の中がますます悲しくなっていく。すると涙があふれてくる。すると、心の中がますます悲しくなっていく。やがて大粒の涙が流れ、それを止められなくなっていく。

そのような涙と心の循環を繰り返すようになっていくのです。

阿部さんの事例のように、女性の涙は、時によっては男性に嫌味に感じられることがあります。

阿部さんの彼女は、もっと阿部さんに好かれたい、愛されたいという気持ちが高じて、その結果涙を止められないということになったのですが、それが逆効果となってしまいました。

もし私のもとに相談に来た相手が阿部さんではなく、阿部さんの彼女だったとしたら、私はこうアドバイスしたと思います。それは「ユーモアの感覚を身につけてほしい」ということです。

通りがかりの女性に阿部さんが視線をやったならば、涙を見せるのではなく、「どこ見てるの?」と明るい笑顔を作りながら、阿部さんの腕をつねるぐらいのことをすればいいのです。

阿部さんが、ピーマンの料理を食べ残したならば、「ピーマンを食べなきゃ、健康になれないよ」と冗談っぽく言う。この時も笑顔を忘れないことが大切です。

あまり深刻になるよりも、ちょっとおちゃめなところがある女性のほうを、男性は可愛らしく感じるものなのです。

好きなひとに
愛される心理法則

026

悲しいから泣くのではない。泣くから悲しくなる。
女性の涙は時に、男性には嫌味に感じられる。

涙の
心理効果

RULE

027

彼がもっとイキイキできる話しかた

高田正美さん（仮名）は、非常にプライドの高い女性でした。

正美さんは好きなひとができ、幸いにそのひとの恋人になることができたのですが、交際は一年と続きませんでした。彼にふられてしまったのです。

その理由は正美さんのプライドの高さにありました。

正美さんは彼に度々こんなことを言って、嫌われてしまったのです。

「あなた、いい年して、まだ平社員なの？　今年も昇進できなかったんでしょ。しっかりしてよ」

「この前友達に、彼氏の給料はいくらって聞かれたんだけど、恥ずかしくて言えなかったんだよね。だって、あなたの給料安過ぎるんだもん」

「今度友達を紹介したいんだけど、あなたがどこの大学出身かは言わないでね。彼氏が低学歴だって友達に知られたくないから」

正美さんが彼にこんなことを言うのは、彼女のプライドの高さからくるものなのでしょうが、彼女にこんな言われかたをしたら男性としては立つ瀬がありません。

「そんなに高収入で高学歴の男とつき合いたければ、自分じゃなくて、他の男を探せばいいだろ」

ということになってしまいます。

彼が正美さんをふってしまったのも無理もないです。

プライドの高い女性の悪いところは、男性に様々なことを要求し過ぎる点にあります。

「もっと出世して」「もっと身だしなみに気をつけて」「年をとっても太らないでね。お腹の出ている男性はかっこ悪いから」「スーツは高級ブランド品を着てほしい」……。

これでは男性は疲れてしまうのです。

確かに「プライド」というのは、限度さえわきまえれば男性にとっては、ある意味で「女性の魅力」の一つとして感じられます。

しかし、それが限度を超えて「過剰」になってしまうと、男性から嫌われる原因となってしまうのです。

もし、「自分はプライドが高い」と感じているようでしたら、勇気を持ってプライドを一度捨てることが必要です。

と言うよりも、自分のプライドをオブラートで包んで、彼の前では「可愛い女性」を演じるのです。

彼にもっと出世してほしいのなら、「今のあなたはとても素敵。でも昇進出来たら、もっと素敵だと思う」というような言いかたをします。

彼にもっとお金持ちになってほしいなら、「あなたと一緒にいられれば、お金なんていらない。でも私、あなたが頑張ってる姿を見てると、もっとあなたのこと好きになると思う」。

「モノも言いよう」なのです。

言いかたによって、彼は頑張るようになるでしょうし、あなたを「可愛い」と思うようにもなるのです。

要は、彼のプライドを傷つけないようにするということです。

あなたがプライドを持っているように、彼にもプライドがあるのです。

先の正美さんがいけなかったのは、彼女が自分のプライドを満足させるために、彼のプライドを傷つけてしまっていた点にあるのです。

正美さんは相手の立場に立ってモノを考えることができず、自分の要求ばかりを相手に押しつけてしまったのです。

ですから彼に嫌われてしまったのです。

相手の立場に立つ。これもプライドの高いひとにとっては、好きなひとに愛されるために覚えておいてもらいたいことです。

これがプライドをオブラートに包むということなのです。

いつでも自己主張をしてはいけないということではありません。

好きなひとと長くつき合っていくためには、自分の思いを正直に話すということも大切なことです。

言い過ぎたり、でしゃばり過ぎたり、必要以上にプライドを持ち過ぎる。これが、いけないことなのです。よく「女性の奥ゆかしさ」と言います。

あまり露骨に自分の思いを表面に出さない、ということです。

そのような奥ゆかしい女性は男性に好感を与えます。また男性から愛されます。

自分のプライドにこだわっている限り、好きなひとから愛される女性にはなれません。

好きなひとに
愛される心理法則

027

自分にプライドを持つことは大切だ。
しかし、それが「過剰」になってしまうと、
彼から嫌われる原因になる。

プライドの高さが
相手に与える
心理効果

RULE

028

恋愛関係を続けるための「二つのコツ」

一緒にいて肩がこってしまう女性がいます。

「かた苦しい」とでも言うのでしょうか。

たとえば一緒に食事をしている時などに、男性が誤って食べ物をテーブルの上に落としてしまったとします。

すると、その女性は、

「どうして、そんな子供みたいなことをするの。ボーッとしてるからでしょ。箸《はし》の使いかたが悪いのよ」

などと、まるで母親のような小言を言い出します。

また、たとえば会話の途中、男性がちょっとした冗談を言うと、

「そんな下品なこと言わないで。私そんな下品な冗談嫌い。もう二度と、私の前でそんな

ことは言わないで」

と怒り出します。

また、こんなこともあるかもしれません。

「今日の服、すごくいいね。似合ってる」

と男性がほめてくれます。

すると、その女性は、

「洋服をほめてくれるのはうれしいけど、恥ずかしいからそんなにジロジロ見ないで」

などという言いかたをします。

一般的に言えば、真面目過ぎる、冗談が通じない、母親のような態度をとる。そのような女性と一緒にいると、男性は肩がこってしまうのです。

当然、そのような恋人関係が長続きするわけがありません。

女性は、もっと気さくなほうが、男性からは好かれるのです。

しかし、あまりにも気さく過ぎる女性というのも、また男性からは嫌われてしまうのです。

たとえば、ある女性は、つき合い始めた当初は、彼と二人きりになると頬《ほお》を赤らめてうつむくような態度をよくとっていたのです。

ところが最近では、頬を赤らめるどころか、男性がちょっとした冗談でも言おうものなら、のどの奥まで見えるように大きく口を開けてゲラゲラと笑うようになったのです。

人前でも以前は、彼にそっと寄り添うような態度であったのに、今では彼に平気で抱きついたりするようになったのです。

彼女は、最初の頃の「恥じらい」がなくなってしまったのです。

「かた苦しさ」が、男性とつき合い始めた当初に女性が見せる態度だとすれば、この「恥じらい」のなさは、男性とのつき合いに慣れてきてから女性が見せるようになる現象だと言うことができるかもしれません。

ある調査では、男性とのつき合いの中で、女性に、この「恥じらい」のなさが出てくるのは、男性とつき合い始めてから三カ月経った頃だそうです。

その頃になると男性は、つき合っている女性のことを、

「素朴で素直なところがなくなった」

「我がままになった」

「強欲《ごうよく》になった」

などと感じるようになるというのです。

たぶん、そのためなのでしょう。

やはりこの時期に、男性が他の女性に走ってしまったと悩む女性も多くなってくるのです。

よく「初心が大切だ」と言われます。普通は仕事やスポーツの分野で言われる言葉ですが、恋愛でも同様のことが言えるのです。

女性に「恥じらい」がなくなってしまうのは、男性とのつき合いに「慣れて」しまうのが原因です。

そう言えば、こんなことで悩んでいる男女がいました。

この二人は学生時代からつき合っていて、十年あまり両人とも浮気をすることなく仲のいい関係を保ってきました。

そして、そろそろ男性にしても女性にしても、結婚適齢期に差しかかりました。二人とも、結婚するのだったら、今つき合っている相手だと心に決めていました。

ところがです。

この二人は、あまりにも相手に慣れ過ぎてしまって、まるで家族のような関係になってしまい、改めて相手にプロポーズするきっかけを失ってしまったのです。

私がここで言いたいのは、なにも男性に対して消極的になったほうが女性としてはいいということではありません。

「過ぎてはいけない」ということなのです。

適度な「恥じらい」、そして適度な「気さくさ」。これが男性に愛されるコツなのです。

好きなひとに
愛される心理法則
028

気さくさと恥じらいは、好印象を与える。
しかし、それが「過ぎて」しまうと、
かえって男性から嫌われる原因になる。

気さくさと恥じらい
の心理効果

RULE

029

二人のちょうどいい「距離」のはかりかた

心理学に「ヤマアラシ・ジレンマ」という言葉があります。

この言葉は、こんな寓話から生まれました。

ある寒い夜のことです。一組のヤマアラシの夫婦がいました。

ちなみに「ヤマアラシ」というのは動物の一種です。ヤマアラシの夫婦は、寒さを避けるためにお互いに体を寄せ合って、体を温め合おうと話し合います。

そこで体を寄せ合うのですが、ヤマアラシには体一面に鋭《するど》いトゲがあるために、体を寄せ過ぎると相手にトゲが刺さって痛くてたまりません。

ヤマアラシの夫婦は何度か試行錯誤を繰り返した後、相手にトゲが刺さることもなく、またお互いに温かいと感じられるような、ちょうどいい「距離」を見つけ出します。

これは恋愛関係にも言えることなのです。

「ヤマアラシ・ジレンマ」のように、お互いにうまくいく「距離」があるのです。

相手にあまり近寄り過ぎても、あるいは相手からあまり遠ざかり過ぎても、恋愛はうまくはいかないのです。

柳田美月さん（仮名）という女性を紹介しましょう。

ある日、美月さんは、恋人に電話をしました。

「ねえ、今度の日曜日、どこに行く？」

と彼女は彼に話しかけます。

すると彼は、

「今度の日曜日はダメなんだ。男友達と釣りに行く約束をしてて」

その言葉を聞いて美月さんは、顔を真っ赤にして怒り出してしまったのです。

「私、今度の日曜日、あなたと会えるのをすっごく楽しみにしてたのに」

「でも、もう約束しちゃったし……」

「そんなの断ればいいいじゃん」

「でも……」

「私と、男友達との約束とどっちが大切なの？」

このことが原因で、美月さんは彼とケンカすることになってしまったのです。

美月さんは性格的に「甘えん坊」のところがありました。

自分の意思が恋人に通らないと、ダダをこね始めてしまうのです。

一般的に言って、この「甘えん坊」タイプの女性は、強引に自分の考えや価値観を相手に押しつけてしまう傾向があります。

しかし、これも男性から嫌われてしまう原因の一つなのです。

先の「ヤマアラシ・ジレンマ」で言えば、相手に近寄り過ぎて、相手に自分の体のトゲを刺してしまうのです。

「相手は恋人なんだから、いくら甘えたっていいでしょ」と言うひとがいるかもしれません。しかし、それは間違っています。

普通の人間関係同様に、相手に甘え過ぎるのは、相手から敬遠される原因となってしまうのです。何度も繰り返すようですが、相手がたとえ恋人であったとしても、相手を尊重する気持ちを忘れてはいけません。

「今度の日曜日はデートできないのね。残念。楽しみにしてたんだけどな……でも、その次の日曜日は必ず私とデートしてね」

そう言えば、美月さんは彼とケンカすることもなかったに違いありません。

相手の気持ちを尊重する。これは「ヤマアラシ・ジレンマ」で言えば、お互いの関係がうまくいく、ある適当な「距離」を保つということです。

また相手を尊重するということは、その前提として、自分が自立していなければできることではないのです。

美月さんのように、いつまでも「甘えん坊」ではいけません。

しかし、これも、いくら自立することが大切だからといって、全部自分でやってしまうようなタイプも、男性にとっては面白くない女性として感じられてしまいます。

自立し過ぎて、なんでも自分で片づけてしまうのは、「ヤマアラシ・ジレンマ」で言えば、体を遠ざけ過ぎてしまうことです。

時には甘えてほしい、という感情も男性にはあるのです。

結論としてはやはり、**甘えと自立のちょうどいい「距離」を見つけ出すこと。それが好きなひとに愛されるポイントなのです。**

その距離がどの程度のものがベストなのか、それはひとによって違います。

具体的に言うことはできませんが、あえて言えば、相手の負担にならないように自立し、相手の自尊心をくすぐるくらいに甘える、ということでしょう。

好きなひとに
愛される心理法則

029

相手に甘え過ぎてもいけない。
自分が自立し過ぎてもいけない。
甘えと自立の、
ちょうどいいバランスを見つける。

ヤマアラシの
ジレンマ

RULE

030

「結婚を焦る」となぜ彼が逃げていくのか

これは男性からの相談です。

彼は恋人である彼女のことを心から愛していました。

しかし、最近彼女のことが、だんだん嫌になってきたのです。

その原因は、デートの度に、彼女が結婚を迫ってくるからなのです。

もちろん彼は彼女との結婚を考えていないわけではありませんでした。

いいえ、むしろ、結婚するのなら彼女しかいないとまで考えていたのです。

しかし彼は、大学を卒業してから、まだ間もなく、会社に就職して一年にも満たない年齢でした。彼は、こう考えていたのです。

「彼女と結婚したいけど、自分はまだ社会人として自立していない。給料も安いし、もう少し収入が安定してから彼女にプロポーズしよう。そうだなあ、あと二、三年したら、家庭を築くだけの収入が得られるようになるだろう」

これは、男性とすれば、責任ある態度と言っていいのではないでしょうか。

そんな彼に、彼女は「今すぐ結婚してほしい」と迫りました。

彼は、先ほどのような理由から、「あともう少し待ってほしい」と彼女に言いました。

しかし彼女は納得しません。

「今すぐ結婚してほしい」と彼に言います。

あげくのはてに、「今すぐ結婚できないのは、私の他に好きなひとがいるからじゃないの」などと彼に言い出します。

「僕が信用できないのか」

と彼は怒りました。

すると彼女は、彼の揚げ足をとるように、

「どうして、そんなに怒るの？　やっぱり、あやしい」

などと彼に言うのです。

そんな彼女に、彼の心はだんだん冷めていったのです。

心理学には「恋愛のブーメラン効果」という言葉があります。

相手のことを説得しようと、あまりに一生懸命になり過ぎると、かえって逆効果になってしまうという意味です。相手に嫌気が差してきてしまうのです。

この場合のように、彼の心がだんだん冷めていってしまったのも、まさにこの「ブーメラン効果」と言っていいのでしょう。

ところで、ある一部の女性は、どうしてそんなに結婚願望が強くなり過ぎてしまうのでしょうか。

社会には一般通念として、たとえば、

「女性の幸せは結婚」

「良い妻の条件は、家事ができること」

「良い妻は、優しい性格で家庭的だ」

といったような、いわば「女性はこうあるべき」というイメージがまだまだあります。

女性の結婚願望は、このような「女性はこうあるべき」というイメージを持ち過ぎてしまって、「早く自分も、そのような良い女性、良い妻になりたい」という焦りが生じるところからくるのではないでしょうか。

言い換えれば、社会的に女性として認められたい。認められる存在に早くなりたいという意識が強くなり過ぎてしまうのです。

しかし、そんな思いから結婚を迫っては、彼から嫌われてしまいますし、第一その女性自身が疲れてしまいます。

ここで私が女性に対して言いたいのは、好きな彼との結婚を考えてはいけない、ということではありません。

好きなひとができれば、そのひととの結婚のことを考えるのは当然のことです。それは否定できません。

ただし、あまり強く考え過ぎてはいけない、と私は言いたいのです。

行き過ぎた結婚願望は、かえって彼をあなたから遠ざけてしまうことになるのです。

あなたが一刻も早く「良い妻」になりたいのはわかります。

しかし、それを焦り過ぎることは、彼を「ダメな夫」にしてしまうのです。

あなたが「良い妻」であり、彼が「良い夫」として両者が結婚するのが、理想の結婚なのです。

事例の彼は、いわば「自分が『良い夫』になるまで、もう少し待ってほしい」と彼女に言っているのです。

その言葉を尊重し、じっくり待ってあげるのが、好きなひとへの優しさというものです。
私は、好きなひととはじっくりとつき合ってほしいと思います。
結婚の時期は、焦らなくても、自然にめぐってくるものです。

好きなひとに
愛される心理法則

030

相手のことを説得しようと、
あまりに一生懸命になり過ぎると、
かえって逆効果になる。
彼との結婚に焦り過ぎないようにする。

恋愛のブーメラン効果

RULE

031

マンネリにならない方法

長くつき合いがあるひとでも、

「あのひとには、あんなところがあったんだ」

と驚かされることがよくあります。

几帳面なひとだとばかり思っていたひとに、案外おおらかなところがあったり、冷たくて近寄りがたいと思っていたひとに、優しいところがあったりするのです。

あなたも、対人関係の中で、「意外だ」と思った経験があるはずです。

ところで心理学には、「意外性の恋愛心理効果」という言葉があります。

この心理効果は、「そろそろ彼との関係がマンネリになってきた」という女性には有効に使えるものかもしれません。

彼とのデートの時、いくら可愛い洋服を着ていても、その服がいつも同じでは「飽き」

がきてしまいます。

あなたも飽きるでしょうし、彼も見飽きてしまうでしょう。

まさに「マンネリ」になってしまうのです。

そんな時に、彼から「意外だ」と思われるようなことをするのです。

思い切って髪型を変えてみるのも、一つの方法かもしれません。

たとえばロングヘアーをしていたひとは、ちょっと短くしてみるとか、反対に短めの髪型をしていたひとは、ロングヘアーにしてみるのです。

「いつもとちょっと雰囲気違うね」と彼は必ず言うでしょう。

そして、また、恋愛を始めた当初の新鮮な気持ちに返って彼はあなたの姿を見ることができるのです。

マンネリになっていた気持ちも、また新たなものになって、「彼女は、なんて素敵なんだろう」と彼に思わせることができるのです。

デートにしてもそうなのです。

つき合いがマンネリ化してくると、デートもいつも同じコースをたどるようになってしまいます。

待ち合わせの場所も、いつも同じ。会ってからは、いつもと同じ公園へ行って、いつもと同じカフェに寄って、いつもと同じレストランで食事する。レストランでの食事も、いつも同じメニューかもしれません。

これでは、やはり飽きてしまいます。

そんな同じデートばかり繰り返すうちに、彼との会話もだんだん少なくなってきて、お互いの心も冷めてしまう。そんなことにもなりかねません。

たまには「意外」と思えるようなところへ「行ってみたい」とあなたのほうから彼にお願いしてもいいでしょう。

「たまには山に登ってみようよ」

「私、日帰りで温泉旅行に行ったことないの。今度連れて行って」

なんでも、いいのです。

いつもと違ったことをしてみるのです。「変化」をつける、と言ってもいいかもしれません。

それが、つき合いを持続し、いつまでも好きなひとから愛され続けるコツとなるのです。

ただし、しょっちゅう変化ばかりしているのも考えものです。

彼に会う度に、洋服の感じを変えてしまったり、「今日は山だけど、今度は海、次は映画鑑賞で、その次は野球を見に行って……」など毎回デートの場所を変えてばかりいる。それにも、また問題があるのです。

そのような変化ばかり要求している女性は、彼から「疲れる人」と見なされてしまいます。そのために、彼に安心感を与えることができません。

「この前、君がしてたネックレスとても似合ってたよ。素敵だった」

という彼の言葉に、

「ああ、あれ。もう飽きちゃったから、妹にあげちゃった」

「ねえ、この前行ったイタリアンのお店、覚えてる？　あそこの料理、すごいおいしかったよね。また行こうよ」

と言う彼の言葉に、

「あそこは一度行ったから、もういい。今度は日本料理を食べたい」

そのように気分をコロコロ変えてしまう女性を、彼は信用できなくなってしまうのです。

「彼女は移り気だから、どうせ僕のことなんて、すぐに飽きてしまって、他の男に乗り換えてしまうに違いない」

と彼から思われてしまうことにもなりかねません。

つまり、会う度に変化ばかりしていたのでは、それは「意外性」ではなくなってしまうのです。

これも、やはり「いつものこと」になってしまうのです。

「十」同じことを繰り返す中で、「一」違うことをする。それでこそ、「意外性」が生まれるのです。

好きなひとに
愛される心理法則
031

彼との関係がマンネリになってきた時は、

「意外」なことをしてみる。

意外性の
恋愛心理効果

RULE

032

あなたが欲しいのは本当に「恋人」なのか

田村結衣さん（仮名）という女性を紹介しましょう。

結衣さんが私のもとへ相談に来たのは、つき合っている恋人の浮気に悩んでいることからでした。

結衣さんの話では、その彼というのは、ある有名私立大学のアメリカンフットボール部の主将をしているというひとで、いわゆる「頭がいい」「かっこいい」「スポーツマン」「さわやか」という形容がぴったり当てはまるような男性であるということでした。そんな彼ですから、とにかく女性にモテるのです。

「どうも自分の他に、つき合っている女性がいるらしい」

確証はないのですが、結衣さんは彼に、そんな疑いを捨て切れないでいるというのです。

「このまま彼とつき合っていては、いつか裏切られるかもしれない。そう思うと、嫉妬心で苦しくてしょうがない。夜も眠れないことがある。こんなに苦しまなければならないのなら、もう今のうちに別れてしまったほうがいいんじゃないか」

結衣さんの相談は、そのようなものでした。

しかし、もっとよく話を聞いていくうちに、びっくりしてしまいました。

実は、彼の浮気に悩む結衣さん自身が、彼とは別の男性と浮気をしているということがわかったのです。

いいえ、浮気と言っては言い過ぎになるかもしれません。

そこまではいっていないのですが、実は、結衣さんに積極的に言い寄ってくる男性がいて、今つき合っているアメリカンフットボール部の主将である彼よりもその男性のほうを、好きになってしまったと言うのです。

ところで心理学では、女性の嫉妬心について、次のような考えかたがあるのです。

彼が浮気をしているのではないかという疑念、つまり女性の嫉妬心は、自分が浮気をしたいという願望の裏返しの感情なのだ、という考えかたです。

自分に、浮気をしたいという気持ちがある。しかし、それを認めると自分が非難されることになるので、浮気心を持っているのは自分ではなく彼のほうだ、と心の中で置き換えてしまうのです。**これを「投射《とうしゃ》」と言います。**

自分が浮気をしたいという願望を持っているにもかかわらず、彼のほうが浮気をしている。だから自分にも浮気心が芽生《めば》えてしまう、と。

ある意味で、都合のいい責任転嫁《せきにんてんか》をするわけです。悪いのは自分じゃない。彼のほうだ、というわけです。

結局結衣さんは、俗な言いかたをすれば「気分屋」だったのです。

「気分屋」の悪いところは飽きっぽいということにあります。

誰かとつき合い始めても、すぐに飽きてしまう。そして、他の男性のことが気になってくる、というものです。

結局、結衣さんの彼が浮気しているという事実はありませんでした。

それは、自分が「気分屋」であることをごまかすための、結衣さんの一つの手段だったのです。

これは必ずしも結衣さんの話に限ったことではありません。

同時に二人の男性を愛してしまう女性がいます。また三角関係に悩む女性もいます。

そのような女性たちも、また「気分屋」と言うことができるのではないでしょうか。

「気分屋」的な愛は、本物の愛ではありません。

「あっちがいい、こっちもいい」という愛は、本当の愛とは言えません。


デパートで、子供が母親にオモチャを買ってほしいとおねだりしています。母親は、

「一つだけ買ってあげるから、一番欲しいものを選びなさい」

と子供に言います。

子供は、数あるオモチャの中から自動車のオモチャを選び出します。

しかし、自動車のオモチャを手にすると、今度は、「やっぱり、船のオモチャがいい」

と言い出します。しかし、船のオモチャを手にすると、次は、「電車のオモチャのほうがいい」と言い出します。

母親は怒り出します。

「一番欲しいものを選べないんだったら、何も買ってあげません」

と言います。

これと同じことなのです。

この子供は結局、単純にオモチャが欲しいのであって、「このオモチャ」が欲しいので

はないのです。

それと同じように、「気分屋」の女性は、単に恋人が欲しいのであって、「この恋人」が欲しいというわけではないのです。

ですから「あれも、これも」ということになってしまうのです。

本当の愛というのは、「このひと」への一直線の愛であって、「あれも、これも」という愛ではないのです。

好きなひとに
愛される心理法則

032

女性の嫉妬心は、自分が浮気をしたいという願望の裏返しの場合もある。

そんな女性は結局、幸福を手にすることはできない。

女性の嫉妬の心理

RULE

033

離婚しやすいカップルの共通点

岡田あみさん（仮名）は、「なんとなく、いいなあ」と思う男性はいるのですが、「本当に自分が彼のことを好きなのかどうか、わからない」と言って悩んでいました。

その彼は、あみさんに、かなり熱を上げていて、「つき合ってほしい」と迫ってくるのですが、あみさんにとっては、「よくわからない」から、どう返事をしていいか迷ってしまうと言うのです。

彼は、

「僕のこと、好きなの？　嫌いなの？」と迫ってきます。

しかし、あみさんは、

「ちょっと待ってほしい」

と返事をはぐらかしてしまうのです。

しかし、ここで不思議なことが起こったのです。

あみさんは、ある友人に、そのことを相談したのです。

「彼から、つき合ってほしいと言われているんだけど、どうしたらいいと思う？」

すると友人は、こう言います。

「やめたほうがいいよ。彼、遊び人だし、あんな男とつき合ったら不幸になるよ」

あみさんは、母親にも相談しました。

すると母親も、

「あなたは恋人を作るには、年齢的にまだ早い。私は反対」

と言います。

あみさんは、その他にも、数人のひとに相談したのですが、ことごとく反対されてしまいました。

ところが、あみさんは、そのような多くの反対意見を聞くうちに、

「自分は彼を好きなんだ」

という確信が、だんだん心の中で強くなってきたと言うのです。

そして彼のアプローチを受け入れて、彼とつき合うようになったのです。

「好きかどうか、よくわからない」と感じていたあみさんが、どうして周囲の反対意見を聞くうちに、「自分は彼を好きなんだ」という確信を持つようになったのか。

どのようなことが影響して、あみさんの心に変化がもたらされたのか。

心理学では、「ロミオとジュリエットの心理効果」という現象があることが知られています。

これは、シェイクスピアの演劇『ロミオとジュリエット』から名づけられた心理現象です。

ご存知のように、ロミオとジュリエットは二人が愛し合うことを、両者の両親から強く反対されます。

しかし反対されればされるほど、二人の愛はますます燃え上がっていくのです。

のちに多くの心理学者によって、「反対されると恋愛は燃え上がる」というこの現象は、一般的に男女の間によく見られる現象であることが確かめられたのです。

そこで、「ロミオとジュリエットの心理効果」という心理学用語が生まれました。

あみさんのこの事例も、この「ロミオとジュリエットの心理効果」が当てはまったものなのです。

ところで問題は、次にあるのです。

ある研究によると、**この「ロミオとジュリエットの心理効果」によってつき合い始めた恋人、あるいは結婚した夫婦は、その後別れたり離婚したりするケースが非常に多いというのです。**

結局、周囲の反対を受けている時は、熱に浮かされたような状態になって、「私はあのひとが好きだ。好きで好きでたまらない」と信じ込むのですが、その後冷静になって考えると、

「私は、本当に、あのひとのことが好きだったのだろうか」

という疑いが心の中にわいてくる場合があるのです。

いわば、もとに戻るのです。

しかし、どうして周囲の反対に遭うと、正常な判断ができなくなってしまうのでしょうか。

それは、心理学で言う「反抗心」というものかもしれません。

ひとは、何かをひとに反対されると、その言葉に逆らいたくなるものです。

「絶対ダメよ」と言われると、なぜか、それをしたくなってしまう。そのような心理なの

です。

とにかく、恋愛をする時は、一度冷静になってみて、
「彼との関係で、私は本当に幸せになることができるのか」
ということを考えてみる必要があります。

好きなひとに
愛される心理法則

033

周囲の反対に遭うと、
恋愛はますます燃え上がる。
しかし、一時の熱に浮かされたような恋愛は、
その後、失敗してしまうケースも多い。

ロミオと
ジュリエット
の心理効果

RULE

034

プレゼントのお返しはこれがベスト

泉あかりさん（仮名）は、ある日恋人である彼から、プレゼントをもらいました。それは指輪でした。

「ありがとう」

とあかりさんはお礼を言って、

「でも、この指輪、高かったでしょ？」

彼は、照れくさそうに、

「いや、高そうに見えるけど、実際はそれほど高くないよ。セールで買ったから……」

「でも…… いくらだったの？」

「五万円」

と彼は答えました。

数日後、デートの時、今度はあかりさんが、

「これ」

と彼に、腕時計を手渡しました。

「この前のお礼」

彼は驚いた顔をしました。

「これ、宝石がついてるけど、もしかしてダイヤモンド!?」

「そうなの」

「でも、これ……いくらしたの?」

「十万円」

「なんで、そんな高価なものを? 僕、こんなの受けとれないよ」

と彼が怒り出しました。

あかりさんは、彼がどうして怒り出したのか、不思議でなりません。

彼から五万円の品物をプレゼントされた。うれしかった。お返しをしなければならない。だったら感謝の気持ちを込めて、二倍高価なプレゼントを彼にしよう。彼は、うれしく思ってくれるに違いない……とあかりさんは考えたのです。

ところが彼は喜ぶどころか、反対に不機嫌になってしまった。それがあかりさんには、不思議でならないのです。

「どうして……?」という気持ちになってしまうのです。

心理学には、「同等の心理効果」という言葉があります。

このあかりさんの事例で言えば、彼から五万円の品物をもらう。そのお礼には、プレゼントした五万円相当の価値と同等のものをお返ししてもらう時、相手は一番うれしく思う。しかし、それとは不釣り合いなほど高価なものをお返しすると、相手はかえって機嫌を損ねてしまう。そのような人間の心理的傾向を言うのです。

あかりさんは、彼からもらったプレゼントの二倍高価なものをお返しとしてあげれば、それだけ自分の愛情、好意も二倍になって彼に伝わると考えたのですが、実際はそうならないのです。

それは相手には、かえって愛情、好意の押しつけとして感じられてしまうのです。

また、彼自身の、男性としてのプライドにも傷がついてしまうのです。

あなたは、このような経験がありませんか。

ある日、好きでもない、いいえ、むしろ嫌いなひとから、目が飛び出るぐらい高価なプレゼントをもらった。いくら嫌いな相手だからといって、プレゼントをむげに断わってしまうのは失礼だし、かと言って、そんな高価なものをもらっても困ってしまう。果たして、もらっていいのか、悪いのか。そのようなジレンマを感じた経験はありませんか。

実は、相手がたとえ恋人であったとしても、そのような不釣り合いなほど高価なプレゼントをされると、やはり同様のジレンマを感じてしまうのです。

ですからあかりさんの彼は、機嫌を損ねてしまったのです。

恐らく、彼からもらったプレゼントと同じくらいの五万円相当のプレゼントをお返ししておけば、あかりさんの彼も喜んで、それを受けとっていたはずです。

よく「五分《ごぶ》五分《ごぶ》」という言いかたをします。

恋人関係は、この五分五分の関係にある時、一番うまくいくのです。

たとえば、「尽くす」ということがあります。

好きなひとに「尽くしたい」と思うのは、自然な女心でしょう。

しかし、こんな女性がいました。その女性は誠心誠意彼に「尽くした」のです。

そんな彼女を気遣って、彼も、「これは僕が手伝うよ」「僕がやるよ」と彼女に言います。しかし彼女は、「いいの。これは私がやるから」と言って断わってしまうのです。

そんな彼女を、彼はだんだんと、うっとうしく感じるようになったのです。

なぜでしょうか。**それは、彼女は「尽くす」ばかりで、彼から「尽くされる」ということを受け入れなかったからなのです。**

好きなひとに
愛される心理法則
034

恋人関係は、お互いが同等の立場に立つ時、一番うまくいく。

尽くしたら、尽くされることも心がける。

同等の
心理効果

RULE

035

傷ついた分だけ、真実の愛に近づける

里中久子さん（仮名）という女性を紹介しましょう。

彼女は今の彼とつき合い始めて、もう一年になります。

しかし、

「彼を本気で愛することができない」

と言うのです。

その理由は、彼女が元彼のことをいつまでも忘れられないからだと言うのです。

彼女が、元彼と別れることになったのは、ささいなケンカが原因でした。

デートの時、待ち合わせの時間に久子さんが毎回、三十分以上も遅れるので、元彼は、そのことに腹を立ててしまったのです。

彼女も素直にあやまればよかったのですが、つい、

「あなたとのデートのためにメイクに時間がかかっちゃうの。だから時間に遅れちゃうの。あなたのために、きれいにメイクしてるのに……そんな言いかたすることないでしょ」

と言い返してしまったのです。

そんな、ささいなケンカで、別れることになったのです。

彼女は、悔しい思いで一杯でした。

どうにかして、「元彼を見返してやりたい」と思いました。

その時、偶然に、久子さんに言い寄ってくる男性がいたのです。

それが今の彼であったわけですが、彼女はその男性とつき合うことによって、元彼に嫉妬させてやろうと思いました。彼女は、故意に、今の彼と連れ立って、元彼の前に現れると、

「このひと、今私がつき合ってるひとなの。私、前よりずっと幸せ」

などということを言いました。

しかし、それは本心ではありませんでした。

彼女は、本心では、元彼のことをずっと忘れられないでいたのです。

本当に人間関係というものは複雑なものです。

人間は、「仕返しをしてやりたい」「復讐をしてやりたい」という感情から物事を判断すると、たいてい自分を不幸にしてしまう結果となってしまうのです。

恐らく彼女は、今の彼とそのままつき合っていたとしても幸福にはなれないでしょう。それは見せかけの愛であって本当の愛ではないからです。

また万が一、元彼とヨリを戻すことができたとしても、もう元彼から以前のように愛されるということもないはずです。

元彼は、彼女が自分と別れた後、すぐに他の男性とつき合い始めたということで、彼女に強い不信感を抱くようになっていることが想像できるのです。

結局彼女は、元彼、今の彼、その両者とも別れ、また新しい恋人を探さなければ、自分の幸福を手にできないように思われます。

しかし、いつまでもなげいたり悲しんでいてはいけません。

人間というものは様々な傷を負いながら生きていくものです。

たくさん傷ついて生きるひとのほうが、より真実の愛へ近づけるのです。

とにかく前向きに生きること。過去を振り返らないこと。

幸福を手にする方法は、これしかありません。

好きなひとに
愛される心理法則

035

復讐心はかえって自分を不幸にする。
好きなひとへの復讐など考えない。

復讐の
心理効果

Q

彼にプレゼントしたいものは

ここに三つのきれいに包装されたプレゼントが準備されています。あなたがもし、彼にプレゼントするとしたら、**ABC**のどれを選びますか。

A　手編みのマフラー
B　外国製の高価な香水
C　タオルとバスローブのセット

Aを選んだひとは、世話好きタイプ。時として彼にかまい過ぎる傾向があります。手編みというのは、あなたが温かい、包容力のある性格だという象徴とも言えます。
Bを選んだひとは、かなり自尊心の強いタイプです。香水でなくても「高価な物」に価値を置くひとです。ブランドに弱いとも言えます。
Cを選んだひとは、彼の素肌に触れたい、という願望があります。まだ手を握ったり、キスをしたりという経験が彼との間にないのでしょう。恋の初心者タイプと言えます。

CHAPTER

5

こうして「特別な女性になる」

――「幸せ」の作りかた――

RULE

036

彼の「特別な存在」になるこんな方法

「実は、僕、お尻にイボジができちゃったんだ」

突然そんなことを言われたら、多くのひとは気分を害してしまいます。

「そんなきたない話はしないでよ。そんなことはひとに話すことじゃない。秘密にしておけばいいでしょ。誰が知りたいと思うの、そんなこと」

そのような返事が返ってくるのがオチではないでしょうか。

しかし、これが恋人同士だと意味が違ってくるのです。

意外だと思われる心理かもしれませんが、相手が恋人だと、そんな「きたない」話が「きたなくない」話になるのです。

語弊《ごへい》があるかもしれませんが、そのような打ち明け話をされた相手は、うれしさにも似た気持ちを抱くものなのです。

そのわけをお話ししましょう。

これは、心理学的には、「秘密を共有することの恋愛心理効果」と言うことができます。

誰も知らないような秘密を二人だけで共有することで、恋人同士はより相手を親密な存在として意識するようになる心理現象なのです。

このような心理現象は、よく恋愛映画などに登場します。

登場人物の男性が、相手の女性の過去の秘密を偶然に知ってしまった。それは彼女の犯罪歴だった。

それを警察に通報すれば、彼女は逮捕される。彼女は社会的な立場を失う。

果たして通報すべきか否か。

迷っているうちに、だんだんと彼女への恋心が芽生えていく。そのようなストーリーの展開は、なにも奇想天外な映画の世界だけのことではありません。

心理学的に言えば、セオリーにのっとった恋愛感情の発生の仕方なのです。

逆の言いかたをしましょう。

あなたが好きなひととともっと親密な関係を持ちたいと願うのであれば、二人だけで共有する「秘密」を作ることが有効です。

なにも先ほどのイボジのような話をしなくてもかまいません。

よく恋人同士は、自分たちの子供の頃の話をするものです。

「私、子供の頃、おばあちゃんっ子で、おばあちゃんに甘えてばかりいたの」

「僕は子供の頃、体が弱くて、よくイジメられていたんだ」

お互いが子供だった頃の写真を見せ合ったこともあるかもしれません。

恋人同士のそのような会話も、ある意味で、お互いの「秘密」を共有し合って、もっと親密な関係になりたいという気持ちからくるものではないでしょうか。

考えてみてください。

たとえば会社の同僚などに、そんな子供の頃の話などするでしょうか。ほとんどのひとは、恥ずかしくてそんな話はできないと思います。

でも相手が恋人ならば、平気でそんな話をする。その理由が、この「秘密を共有することの恋愛心理効果」にあると思うのです。

また反対の言いかたをすれば、たとえ相手が恋人であろうとも、そのような個人的な秘密は言えない、というひとは、それだけ恋人との間に距離感があるのではないでしょうか。

つき合い始めたものの、「彼が本当に自分のことを愛してくれているのか、わからない」

というひとも距離感があるのかもしれません。

相手への信頼が本当のものであれば、「秘密」を知られても平気。

いいえ、「秘密」を知ってほしい、という欲求が出てくるのが自然なのです。

とにかく、恥ずかしいと思うようなことでも、好きなひとに勇気を出して告白してしまうことをお勧めします。

そのような告白をしていくうちに、彼との関係はますます親密なものになっていきますし、あなたは彼から、自分の「秘密」を知っている「特別なひと」と意識されるようになるのです。

そのような相手の「秘密」を何も知らないでいる恋愛関係のほうが、むしろ不自然な関係であるように思います。

好きなひとに
愛される心理法則

036

お互いしか知らないような「秘密」を共有しよう。
そうすれば、彼との関係は、
もっと親密なものになっていく。

秘密を共有する
ことの恋愛
心理効果

RULE

037

彼とケンカした時の上手なあやまりかた

恋人とケンカしてしまった。あやまって、どうにか仲直りしたいのだが、さて、電話であやまるのがいいのだろうか、直接会ってあやまるのがいいのだろうか。

こんなことで迷ったひとも多いのではないでしょうか。

心理学では、電話で話すのと直接会って話すのと、どちらのほうが自分の意思が相手によく伝わるのかを調べた実験があるのです。

ただし実験の結果は、どちらかがより優れていると断定できるものではなく、そのどちらにもメリットとデメリットがあるというものだったのです。

電話の場合です。

電話は言うまでもありませんが、相手からこちらの顔は見えません。

ですから顔の表情や体の動作から、なんらかの意味を相手に伝えることは困難です。たとえば、いくら悲しそうな表情、申し訳ないという表情を作っても、それは相手には見えません。

相手には、話す言葉の直接的な意味しか伝わっていきません。

いっぽう直接会って話をする場合です。

この場合は、こちらの表情や態度が相手に見えます。悲しそうな表情をするだけで、相手は「そうか。ケンカしたことを反省しているんだな」と思いますし、申し訳なさそうな表情をするだけで、「そうか。仲直りしたいんだな」と察することができます。

ただ、そのような表情、態度によって表される意味が伝わる分だけ、言葉によって話す意味が曖昧になってしまうという欠点もあります。

さて、ではケンカをしてあやまる場合、電話と直接会うのと、どちらが有効でしょうか。

これはケース・バイ・ケースかもしれません。

もしあなたが口下手で、話す言葉で相手を説得するのが苦手だと感じているならば、それは当然直接会ったほうがいいでしょう。

もしあなたが、自分は表情や態度で意思を表すよりも、言葉によって論理的に説明するほうが得意だと感じているのであれば、それは電話のほうがいいかもしれません。

ただ、ここでは注意が必要です。

電話は、言葉で話すことの意味を簡潔に相手に伝える手段としては優れているのですが、いくら話すことが得意だからといって、べらべらとあまりにも長くしゃべり続けてしまったのでは、かえって話したいことの意味がぼやけてしまい、相手にとっては「何を言いたいのか、わからない」ということになってしまいかねません。

ですから電話の場合、伝えたいことだけを、できるだけ短く簡潔に話すほうがいいのです。

言い換えれば、こういうことも言えるのではないでしょうか。

彼とのケンカが深刻で、別れ話につながってしまうような場合、つまり、ただ一言「ごめんなさい」とあやまるだけでは事が済まないような時は、直接会って、じっくりと話したほうがいいのです。

いっぽう、ケンカがそれほど深刻なものではなく、一言「ごめんなさい」とあやまって済むような時には、反対に電話のほうがいいでしょう。

要は、ケース・バイ・ケースで、両者を使い分けるということです。

ただし、できることなら、好きな彼とケンカなどしないほうがいいと思います。

そのために心がけてもらいたいことが一つあります。

それは、**「相手の過ちや失敗を責めない」**ということです。

たとえば彼の運転する車でデートをします。

彼が運転を誤って接触事故を起こしてしまいました。せっかくのデートが台無しです。

そんな時、あなたが、

「何やってるの。もっと注意して運転してよ」と彼に言ったら、どうなりますか。

彼はあなたの言葉にカッとしてしまうに違いありません。

「うるさいな。事故を起こしたくて起こしたわけじゃないんだよ」と彼は怒鳴るかもしれません。

過ちや失敗は誰にでもあることです。

それをむやみに責めてはいけません。

「だいじょうぶ？　怪我《けが》はなかった？」ぐらいのことを言う、相手への優しい配慮が必要です。

そのような配慮があれば、好きな彼と衝突することなどなくなるのです。

好きなひとに
愛される心理法則

037

電話は〝一言〟の言葉を伝えるのによく効く。
〝一言〟で済まない場合は、会って、
じっくり話し合う。

電話と直接会うことの心理効果

RULE

038

グチを言う彼にはこうしてあげよう

「まったく僕の上司ときたら、わからず屋で、おまけに頑固で……」などと、好きな彼があなたにグチをこぼし始めます。

さて、あなたは、どのようにして彼のグチを聞いてあげますか。

企業社会の中で働いていれば、おのずとストレスが溜まってくるものです。

どんなに我慢強いひとであっても、時にはグチの一つくらいこぼしたくなることがあります。

それに男性であれば、むやみに人前でグチをこぼすこともできませんから、ふだんはじっと我慢して弱音をはかずに頑張っていたのかもしれません。

そんな彼にとって、恋人であるあなたは唯一の、グチを言える相手かもしれないのです。

飯川芽衣さん（仮名）は、グチをこぼす彼に向かって、このように言ってしまったのです。

「何言ってんの。そんな弱音は聞きたくない。私たち、もうすぐ結婚するのに。頑張って働いて稼がなくちゃ、私たちこれからやっていけないでしょ。頑張ってよ」

芽衣さんの言葉に、彼はがっかりしてしまいました。

そして、すっかり芽衣さんへの愛情を失ってしまったのです。

心理学では、落ち込んでいるひとに、「頑張れ」という言葉をかけることは禁物だと言われています。落ち込んでいるひととは、言い換えれば、「それ以上頑張れないひと」のことをいいます。そのひとは、なにも好きで落ち込んでいるのではありません。

頑張りたいと思いながら、頑張ることができないので、それで落ち込んでいるのです。そんなひとに他人が「頑張れ」と言うことは、いわば、傷に塩をぬるようなものです。

結果、そのひとは、他人の「頑張れ」という言葉によって、ますます落ち込んでしまうのです。

グチを言うことと、落ち込むということは、次元の違う問題なのかもしれませんが、やはり対処の仕方としては同じようなことが言えるのではないでしょうか。

グチを言う相手に、たとえば芽衣さんのように、「何言ってるの。頑張ってよ」などと言っても、問題は何も解決しないのです。

芽衣さんの彼は、芽衣さんに責められているように感じてしまったのです。内心、「ふざけるな」と思ったに違いありません。そのために芽衣さんへの愛情が冷めてしまったのです。

むしろ、彼への最善の対処策は、「黙って彼のグチを聞いてあげる」ということなのです。黙って、彼の言うグチに心を込めてうなずいてあげるだけでいいのです。むずかしいことはありません。

グチを言う彼を、温かく見守ってあげればいいのです。

グチを言うひとは、たいていの場合、心の拠《よ》りどころが欲しいためにグチを言うのです。子供の頃母親に甘えたように、あなたに甘え、支えになってほしいのです。

したがって、母親になったような気持ちで、甘えてくる彼を抱きかかえてあげればいいのです。

それができるようになれば、彼の心は、決してあなたから離れていくことはありません。ひとがひとを好きになるという感情は、相手の容姿がいいとか、お金をたくさん持っているとか、そのような外面的なことから生まれてくるのではありません。

実は、もっとも大切なことは、相手の心の支えになることができるかどうか、ということなのです。

あなたも日常の中で、グチを言いたくなることは、たくさんあるのではないでしょうか。

「ねえ聞いてよ。マンションの隣のひとが、全然マナーがなってなくて困ってるの。夜中に大きな音を出したり、ゴミを出す日じゃないのにゴミを出したり、もう本当に迷惑」

そんな言葉を、彼に聞いてもらったこともあるでしょう。

そんな時に、彼から、

「そういう君だってマナーがなってないよね。電車の中で通話したり、お年寄りに席をゆずらなかったり……」などと言われたら、あなたはどう感じますか。きっと腹を立てて、彼に反論してしまうのではないでしょうか。

きっと、黙って自分の言うグチを聞いてもらえたほうが、うれしく感じるはずです。

好きなひとに
愛される心理法則

038

ひとは、心の支えになるものを求めている。
彼の心の支えになることができれば、
彼の心が離れていくことはない。

心の支えになる
ことの心理効果

RULE

039

上手に相談できるひとが愛される

ある男性は、こんなことで悩んでいました。

「今つき合っている彼女は、全然僕のことを頼りにしてくれないんです。先日彼女が、自分の暮らしていたアパートを引っ越したんですけど、全部自分で片づけてしまったんです。言ってもらえば僕が手伝いに行ったのに……。何か寂しい気がしました」

男性は一般的に、女性から頼られたいと思っています。自分が女性をリードしていく存在でありたいという欲求です。そのような存在になることによって、男性であることの自尊心が満たされるからです。

すべての男性がそうであるとは限りませんが、ほとんどの男性は、そう思っていると思います。

ですから、この男性は、彼女が自分一人で引っ越しの片づけをしてしまい、自分を頼ってくれなかったことに、不満を持っているのです。

そう言えば、逆に女性が男性に対して不満を持つ場合もあります。

彼女が彼の部屋へ遊びに行った時のことです。

ちょうどお昼時で、ご飯を食べようということになりました。すると彼はキッチンへ行き、一人で食事の用意を始めたのです。もちろん彼女は、それを手伝おうとしました。

すると彼は、「僕一人でやるからいいよ」と言って、彼女に手伝わせようとしないのです。

彼女は、そんな彼に不満を持ったそうです。

これなどは、彼女の女性としての自尊心が傷つけられたことから生じた不満だったのでしょう。

それはともかく男性には、「自分は女性から頼られる存在だ」と思いたがる傾向があるようです。

事例の引っ越しをした女性は、自分の引っ越しを彼に手伝ってもらうのは「申し訳ない」という気持ちもあったのかもしれませんが、時には甘えるように「手伝ってほしい」と言ってみることも、彼から愛されるコツなのです。

私は彼女に、彼に相談を持ちかけることをお勧めしたいと思います。

「ねえ、困っていることがあって。誰にも相談できないことなんだけど、聞いてくれる?」

と言われれば、彼は悪い気はしないはずです。彼にあなたへの愛情があれば、きっと、

「もちろんだよ。どんな相談でも聞くよ」と言ってくれるに違いありません。

それだけ自分が彼女から頼られているのだと知って、うれしく思うに違いないのです。

ただし、注意しておきたいことも、あります。

その相談事は、あまりにもむずかしいものであってはいけません。

初めからできもしないようなことを相談したのでは、相手に大きな負担を負わせてしまうことになりかねません。

「ねえ、今度の誕生日に、五十万円するダイヤモンドの指輪をプレゼントしてくれない?」

そんなことを言ったら、彼はぎょっとしてしまうに違いありません。

彼は、「僕の収入じゃ、それはムリだよ」と言うしかありません。

そのような無理なお願い事は、かえって彼の自尊心を傷つけてしまうことになるのです。

また、相談を持ちかける回数にも気をつけなくてはいけません。

いくらなんでも、彼に会う度に、毎回相談事をしていたのでは、彼は疲れてしまいま

す。「またか」という気持ちになってしまいます。

またそれは、彼にあなたが非常に我がままな女性であるという誤解を、与えてしまいます。

無理難題は持ちかけない。相談事は「たまに」をわきまえる。それができれば、彼女のお願いは彼の自尊心をくすぐるのに役立ちます。

また彼は、あなたのことを「可愛い女性」と思うようになるでしょう。

ひとは、自分自身を価値のある存在だと思わせてくれるひとに良い印象を持ち、大切にするものなのです。

好きなひとに
愛される心理法則

039

男性は自分を、
女性から頼りにされる存在だと思いたがっている。
たまには彼に「お願い」をして、彼の自尊心を
満足させてあげる。

「お願い」をする
ことの恋愛心理

RULE

040

もっと愛される彼の「ほめかた」

ひとにほめられるのは、誰にとってもうれしいことです。

それは、ひとに「自分を認めてもらいたい」という心理があるからです。

それは人間の根強い欲求であり、時には、食欲や睡眠欲にも勝《まさ》る強い欲求であるのです。

たとえば友達同士で集まる時に、おしゃれをしたり、高級品を身につけたりして参加するひとがいます。これもある意味で、「自分を認めてもらいたい」という心理の現れなのです。

恋愛関係でも同じです。

「今日のあなたのネクタイ、とても素敵」

と言われて、気分を悪くする男性などいません。たいていは、うれしく思うはずです。

彼と会う時は、一度は彼をほめる言葉をかけることを、お勧めしたいと思います。

ただ、「ほめかた」には、それをより効果的にする、いくつかのコツがありますので、ここで紹介しておきましょう。

まず漠然とほめるよりも、具体的にほめるほうが、より効果的だということです。

「今日のあなた、素敵ね」

と言うよりも、先ほどのように、

「今日のネクタイ、素敵」

さらには、もっと具体的に、

「ネクタイの色が明るくて、あなたの性格にとても似合ってる」

このように、より具体的にほめたほうが、相手はうれしく思うものなのです。

また、男性の場合、「男らしさ」「立派さ」など、男性としての自尊心をくすぐるようなほめかたがより効果的になります。

また、これは「ほめかた」の裏ワザと言っていいかもしれませんが、こんな方法もあります。彼に対して直接ほめるのではなく、間接的にほめるのです。

たとえば、彼と彼の男友達と三人で会っている時、その男友達に、

「彼、すごく優しいし、かっこいいし、完璧なの」と言う。

これが意外と効果的なのです。

彼は、いわば第三者として、あなたと男友達との会話を間接的に聞いているわけですが、だからと言って自分がほめられたことのうれしさが半減することはありません。むしろ、場合によっては、直接ほめられるよりもうれしく思うことだってあるのです。

直接ほめられるというのは、それはもちろんうれしいことなのですが、「お世辞を言っている」と受けとるようなひともいます。

しかし、この間接的なほめかたでは、相手からそのように受けとられる心配が少なくなるのです。

また、彼のいないところでほめるというのも効果的です。

「彼って、すごく服のセンスがいいと思わない?」

と彼のいないところで、彼の知り合いに言っておきます。彼の知り合いはあとで、彼に「そう言えば、君の彼女、この前、君の服のセンスをほめてたぞ」と言ったりします。

この時の彼のうれしさも、直接ほめられる以上になるはずです。

よく、直接ほめるのは恥ずかしいという女性がいます。

そのような女性にとっては、この間接的なほめかたが有効なのです。

彼に面と向かってほめるのではないのですから、気恥ずかしさもなくなるでしょう。

さらに言えば、直接ほめるにしても、彼に面と向かって、彼の目を見ながらほめることをしなくても、彼の顔から目をそらして、遠くのほうを見ながらほめても効果は決して薄らぎはしないのです。

ほめかたにはいろいろあるのですが、共通して言えることは、やはりほめられてうれしく思わないひとはいないということでしょう。

ただし、それが「ご機嫌とり」になってはいけません。

本心では彼の締めているネクタイがかっこ悪いと思いながら、「素敵」などと言うのは良くありません。

そのような「ご機嫌とり」は、不思議なことに相手から見透かされてしまうのです。

ほめる時は、心から、正直にほめるのでなければいけないのです。

好きなひとに
愛される心理法則

040

ほめられてうれしく思わないひとはいない。
デートの度に彼をほめる。

ほめることの
心理効果

RULE

041

押さえておくべき、男と女の違い

富田あゆみさん（仮名）は、こんな出来事があって、好きな彼とケンカしてしまいました。

あゆみさんの誕生日に、彼がフランス製のおしゃれな黄色い傘をプレゼントしてくれました。その傘は、以前からあゆみさんが欲しいと思っていたものでした。

あゆみさんは喜び、「ありがとう」と言って、彼の頬にキスしました。彼も、うれしそうな顔をしています。

悲しい出来事は、この次に起きたのです。

あゆみさんは、プレゼントしてもらった傘を広げて、その色や柄などを眺めながら、

「ところで、あなた、私が去年、あなたに言ったこと覚えてる？」

「何か言ったたっけ？」と彼が言います。

「覚えてないの？」

「忘れちゃったよ」

「ピンクが好きだって言ったの。どうして忘れちゃったの？　信じられない」

とあゆみさんは、ヘソを曲げてしまいます。

「だって、しょうがないだろ。忘れちゃったんだから」

と彼も怒り出します。

確かにあゆみさんの彼は、あゆみさんから嫌味を言われても仕方ありません。

しかし、これは心理学的に言えば、仕方のない部分もあるのです。

心理学には、「機械的記憶」という言葉があります。

これは、よく私たちが、学校の試験勉強のためにおこなった記憶の仕方の一つです。

漢字のつづりかたを覚えたり、英語のスペルを覚えたり、歴史の年号をひたすら暗記する。

そのような機械的な記憶の仕方を、「機械的記憶」と呼ぶのです。

一般的に女性は、このような「機械的記憶」が男性よりも優れていることが証明されています。

そのために女性は、日常的なささいな出来事などを、その後ずっといつまでも覚えておくのが得意なのです。

反面、男性は「機械的記憶」が、どちらかというと苦手で、日常的な出来事はすぐに忘れてしまうという傾向が強いのです。

男性は「覚える」というよりも、「考える」ことを得意とする生き物なのです。

この事例での、あゆみさんと彼との間に起こったようなケンカは、恋人同士であれば、誰でも一度は経験したことがあるはずです。

彼が自分の誕生日を忘れていた。約束していたことを忘れていた。言ったはずのことを忘れていた。その度に女性は、

「どうして覚えてないの」と怒り出す。

男性は男性で、

「よくそんなこと、覚えてたね」とあきれてしまう。

こんなことは、よくあることです。しかし、それは、男性と女性という気質的な相違から生じることなのです。

男性と女性は本質的に違った生き物である。

そのことを女性は、好きなひととの交際の中で、多少は意識しておいてもいいように思われます。

それは、たとえば女性は男性よりも、力がない。それと同じことなのです。

また、それが理解できているからこそ、男性は女性に代わって重い荷物を持ってあげたりするのでしょう。

つまり相手への気遣いや優しさを持つことができるのです。

それは、相手の立場に立って物事を考える習慣を身につけるということです。

このことは特に、「自分は感情的なタイプだ」「すぐにカッとなりやすい」と思っている女性に対してアドバイスしたいことです。

相手の立場に立つ。相手への思いやりや優しさは、そこに出発点があるのです。

それは、「男のひとって、こういうところがあるのね」と気づくことなのです。

好きなひとに
愛される心理法則

041

男性と女性は、まったく違った生き物。
それを理解することが、
相手への思いやりと優しさにつながる。

男と女の
心理学的相違

RULE

042

あなたを幸せにするこんなウソ

「男性は自分が、彼女にとっての最初の男でありたいと願う」

よく言われる言葉です。

ところで、橋本葵さん（仮名）は、こんな経験をしたことがあるそうです。

それは好きな彼と、初めてのキスをした時のことです。

彼が葵さんの唇から唇を離し、うっとりとした目で彼女を見つめながら、

「どうだった?」と聞いたそうです。

葵さんは、

「今までで一番良かった」と答えました。

すると彼が顔色を変えます。

「今までで……?」

「うん。今までで一番うれしかった」

「今までって、君は、僕以外の男とも、そんなにキスをしたことがあるの？」

「あっ……えっと……」

葵さんは言葉に詰まってしまいました。

気づいた時には、もう遅かったのです。

まさに彼は、葵さんにとって「自分が最初の男でありたい」と願っていたわけです。それが葵さんの、「今までで……」という言葉で裏切られてしまった。だからヘソを曲げてしまったのです。


男性が、「自分が最初の男でありたい」と願うのは、男性の独占欲からくる心理的傾向です。「独占欲」と言えば、女性ならではの欲望と思われがちですが、実は男性の心にも「独占欲」が存在しているのです。

逆の言いかたをしましょう。

男性の「独占欲」を満たすことのできる女性というのは、男性からとても大切にされます。**「私は、あなただけのもの」と男性に思わせることのできる女性は、男性からこよな**

く**愛される女性なのです。**

さて、葵さんの場合です。

これは一つの考えかたですが、もし、それで二人が幸福になることができるのなら、時には恋愛に「ウソ」も必要になるのではないでしょうか。

葵さんが以前、何人かの男性とキスをした経験があったとしても、彼に、

「どうだった？」と聞かれたら、

「私、初めてのキスだったの。感動した」と言ってもいいように思うのです。

そのことによって、彼の「独占欲」は満たされ、また葵さんも幸福になれるのですから、それは「罪のないウソ」であるように思うのです。

好きなひとに
愛される心理法則

042

男性は自分が、彼女にとって初めての男でありたいと願う。
その願いを、叶えてあげる。

男性の
独占欲の心理

Q

恋人とのデートで何を食べたい

あなたが恋人とデートをした時、二人で食べるとして、
次の三つの中からどれを選びますか。
恋人とあなたにピッタリだと思われるものを選んでください。

A　アイスクリーム
B　ハンバーガー
C　ジュース

心理学では「本能同士」は接触すると言います。つまり、食欲や睡眠欲、性欲というのはつながる部分があるのです。
Aのひとは、今の彼とキスしたいと思っているひとです。人間で言うと「口唇期」のシンボルがアイスクリームなのです。
Bのひとは、彼とタッチし合いたいというひとです。ハンバーガーは幼児期から一番よく食べるものの一つです。父親や知人にタッチしていたい、そんな心のシンボルがハンバーガーです。
Cのひとは、ズバリ、彼とのSEXを望んでいます。「海」「水」というのは性のシンボルであり、ジュースも例外ではないのです。

CHAPTER

6

こうして「ずっと愛される」

――「結婚」の作りかた――

RULE

043

長くつき合っている二人が目を向ける方向

つき合い始めた当初は毎日のようにデートしていたのに、最近は週に一度くらいしか会わなくなってしまった。たとえ会っても、お互いに無言でいることが多くなった。

このような現象は、恋人に「慣れて」きてしまった一つの現象なのではないでしょうか。「マンネリ」と言ってもいいかもしれません。

しかし、これは一概に、お互いの心が冷めてきたことを意味しているのではありません。

長年連れ添った夫婦のことを思い浮かべてみてください。

一般的に夫婦は長年連れ添うと、あまり話をしなくなります。他人が見れば、夫婦と言うよりも、他人同士のように見えることもあります。

しかし、だからと言って、この夫婦がうまくいっていないのかと言えば、必ずしもそうではありません。

心と心はしっかりと結ばれているのです。

問題は心にあるのです。

しっかりとお互いに愛し合っているということを確認できてさえいれば、デートの回数が減っても、会話の数が減っても、それはそれでいいのです。

「愛し合う」とは、お互いに「同じ方向」に目を向けるということかもしれません。

ある恋人の話をしましょう。

この二人は、どちらも無口でしたので、やはりデートの時など二人でワイワイ騒ぐということはありませんでした。二人の会話は少ないほうでした。またお互いに内向的な性格で、一緒に、たとえば行楽地や繁華街に出かけるということもあまり好きではありませんでした。

家でのんびりと過ごすほうが、お互いに好きだったのです。

しかし、だからと言って、この二人の関係がうまくいっていなかったかと言うと、そうではないのです。二人の心はしっかりと結ばれていたのです。

その理由は、二人の共通の趣味にあったように思われます。

二人は音楽がとても好きでした。そして二人は、お互いに協力して一つの曲を創作することをよくしていました。たとえば彼が作詞すると、彼女は彼の作った歌詞にメロディをつける。反対に彼女が作詞し、彼がそれにメロディをつける。そんなことを、よくしていたのです。

そしてデートの時も、二人には、よくこんな光景が見られました。

一人がギターを奏《かな》でながら曲想を練る。するともう一人は、そのかたわらで、紙に詩を書いている。そんなわけですから、二人の会話など、ほとんどないのです。

しかし、二人は「同じ方向」に目を向けていたのです。

それは一つの曲を創り上げるということでした。ですから二人の心は、バラバラになってしまうことはなかったのです。愛が冷めるということはなかったのです。

心理学では「共有体験の心理効果」ということが言われます。

その言葉の意味も、この「同じ方向」に目を向けるということなのです。

もし、二人の関係がマンネリになったと悩んでいるひとがいれば、私は何か好きなひとと「共有体験」できるものを作ることをお勧めしたいと思います。

先の例のような「音楽」でなくてもかまいません。

たとえば、二人で旅行をする計画を立ててみてください。

家で旅行のパンフレットやガイド本を眺める。その地を旅したことがある友人に会って話を聞く。予算を立てる。

それを、たとえ恋人と一緒にするのではなかったとしても、心は恋人と一つになっているのです。あなたは恋人の顔を思い浮かべながら、旅行のパンフレットやガイド本を眺めるでしょう。

それが「共有体験」をするということであり、「同じ方向」に目を向けるということなのです。

ですから、これは「体験」を「共有」するということではないのかもしれません。「夢」を「共有」すると言ったほうが、いいのかもしれません。

「夢」というのは、目的そのものだけではなく、それを達成するための過程を含んだ言葉なのです。「夢」を「共有」することで、二人は永遠に愛し合えるのです。

好きなひとに
愛される心理法則

043

お互いに一つの「夢」を共有しよう。
その夢によって、
二人の心は離ればなれになることはない。

共有体験の
心理効果

RULE

044

幸せな恋愛をするひとのこんな考えかた

「私は誰からも愛されていません」と言う女性がいます。

彼女たちは「不安なんです」と言います。

確かにひとは、愛されることによって、安心感や幸福感を覚えます。それは、自分の人格が、ひとから認められるからです。あなたが寂しくない時は、近くに自分を守り、味方になってくれるひとがいるからなのです。

しかし、それだけで、本当に幸福なのでしょうか。

私は、それだけでは足りないと思います。「愛される」だけでは足りないのです。

前にも言いましたが、**本当の幸福感を得るためには、そこに、あなた自身が「愛する」という気持ちを加えなくてはいけないのです。**

また、

「本当は別に好きなひとがいるんだけど、今の彼は私を愛してくれるから、とりあえず彼とつき合っているんです」と言う女性がいます。

そのような女性は、まさに「愛する」ことなく、「愛される」ことだけで幸福になろうという女性なのです。

しかし、そのような女性の幸福は、「とりあえず」の幸福なのであり、本当に幸福なのではありません。

「愛される」ということに甘えてはいけません。

それ以前に、あなた自身が真剣に、ひとを「愛する」人間でなければならないのです。

私はよく、『ギブ・アンド・ギブの精神』でいなさい、ということを言います。「もらう」ことだけを考えるのではなく、「与える」ことを考えなさい、ということです。さらに言えば、「愛される」ことを第一にするのではなく、「愛する」ことも第一にしなさい、という意味です。

なぜなら、そうすることによって、本当の幸福が得られるからです。もしかしたら、『ギブ・アンド・ギブの精神』では、結局自分が損をする、と考えるひとがいるかもしれません。

与えるだけで、もらうものがなければ損じゃないか、と言うひとがいるかもしれません。

しかし、それは違います。

与えるということは、それ自体で自分を豊かにすることなのです。

言い換えれば、「愛される」よりも、「愛する」ことによって、ひとは本当の幸福を実感できるのです。

「ひとを愛することは、つまり自分を愛することである」

そのように言うこともできます。

不思議に思うひともいるかもしれませんが、たとえば、好きなひとのことを思い浮かべてみてください。そのひとはきっと、あなたと共通点の多いひと、あるいは、まったく正反対のひとなのではないでしょうか。

結局ひとは、知らず知らずのうちに、自分のことを理解してくれそうなひとを愛するものなのです。

あるいは、自分の不足しているものを補い、自分の願望を満たしてくれるひとを愛するものなのです。

それが、「ひとを愛することは、自分を愛すること」という意味なのです。

「ひとを愛することによって、自分が幸福になる」ということの意味なのです。

ただし、これは、「自分を幸福にするために、ひとを愛する」ということとは違います。

たとえば、

「彼はあの芸能人にそっくりだから、交際してみたい」

「あのひとはお金持ちだから、あのひととつき合えば、ぜいたくができる」

「あのひとはマメなひとだから、恋人にはたくさんプレゼントをくれるだろう」

そのような、前提つきの恋愛は、「自分を幸福にするために、ひとを愛する」ことです。

そのようなひとは、結局幸福を手にすることはできません。

ひとを満足させたい。その気持ちが、自分の満足につながるのです。

好きなひとに
愛される心理法則

044

「愛される」のではなく、

「愛する」ことを第一にしよう。

本当の幸福は、「愛する」ことによって得られる。

ギブ・アンド・ギブ
の心理効果

RULE

045

「恋占い」のうまい使いかた

好きなひとができると、多くの女性は、好んで占いをするようになるようです。

占星術、血液型占い、手相占い、人相占い、風水……占いには様々なものがあります。

中島理沙さん（仮名）という女性がいました。

理沙さんは、占いをする度に、このように言うのです。

「占い師に観てもらったら、私と、好きなひととの相性が最悪だと言うんです。どうしたらいいんでしょうか」

「私は幸福な家庭を築くことができないと占いに出てしまいました。もうお先真っ暗です」

「占いでは、私には男運がないそうです。いっそ恋人など作らないほうがいいでしょうか」

占いには様々なものがありますから、いい結果も出れば、悪い結果も出る。それは当然のことです。

しかし理沙さんは、占いで悪い結果が出た時、極端にそれを気にしてしまうタイプの女性なのです。

さて心理学には、「自己帰属《じこきぞく》」という言葉があります。

この言葉の意味を、この占いの事例で考えてみることにしましょう。

たとえば占いで、「男運が悪い」と出る。

すると、そのひとは、「なぜ私は、男運が悪いのだろうか」と考える。

次に、そのひとは、「そうだ。昨日駅で、私が片思いをしている彼に偶然出会ったのだが、彼はちょっと挨拶しただけで、すぐに行ってしまった。本当はもっとゆっくり話をしたかったのに……あれは、私が男運が悪いから、そうなったのかもしれない。占いは本当に当たっている」と思うようになる。

そして、「私は男運が悪い」と信じ込むようになり、「私は不幸だ」と結論づける。

つまり心理学で言う「自己帰属」とは、占いで出たようなことを、自分が過去に経験したことを思い返すことによって裏付けようとする心理的傾向のことを言うのです。

しかし、これにはトリックがあるのです。

よく考えればわかることです。

駅で好きなひとと出会って、彼がすぐにその場を立ち去ってしまったのは、彼がたまたま急用のために急いでいたのかもしれません。

いや実際は、その確率のほうが高いはずです。

少なくとも論理的に考えれば、彼女が「男運が悪いから」、彼がゆっくり話もせずに立ち去ったと考えることは不自然で無理があります。

しかし、その不自然で無理があるところを、自然で論理的なことなのだと考えてしまうのが、この「自己帰属」の作用なのです。

同じように、占いで「幸福な家庭が築けない」と出れば、「そうだ。確かに私は料理が下手だし、掃除も苦手だし」と考えて、占いの悪い結果を正当化してしまう。

また占いで「好きなひととの相性が最悪だ」と出れば、「だから私の好きなひとは、いつまで経っても、私のほうを振り向いてくれないんだ」と考える。

このように、「自己帰属」の心理作用によって、決めつけているひとも多くいるのです。

しょせん、占いは、「当たるも八卦、当たらぬも八卦」。そのように軽い気持ちで受け流してしまう。

それがいいのではないでしょうか。

しかし、先の理沙さんのように、どうしても気になってしょうがないというひとは、たとえ占いで悪い結果が出たとしても、それをできるだけプラスに考える。ある意味で、自分に都合のいいように解釈してしまう。そのようにしたらどうでしょうか。

「好きなひととの性格的な相性が悪い」と占いに出る。そうしたら、

「彼と私は性格的には全然違うタイプだ。でも私は、彼の性格の欠点を、自分の性格の長所でカバーしてあげることができる。反対に、私の性格の欠点を、彼の性格の長所でカバーしてもらうこともできる。そのようにお互いに助け合っていけば、彼とは、とてもいい関係を持つことができる」と考えるのです。

「幸福な家庭を築けない」と占いに出たら、

「私は仕事に生きる女なのかもしれない。私はきっと、キャリア・ウーマンとしてやっていく才能に恵まれた女性なのだ。仕事を通じて運命のひとにめぐり会える」と考えるのです。

「男運がない」と占いに出たら、

「私は多くの男性からモテるようなタイプではない。だけど、その分、一人の男性への純

愛を貫くタイプの女性なのだ」と考えるのです。
ものは考えようなのです。いいように考えれば、元気も出てくるはずです。

好きなひとに
愛される心理法則
045

ものは考えようで、どうにでもとれる。
プラス思考で、人生を楽しむ。

自己帰属の
心理作用

RULE

046

「クヨクヨしない」ひとはなぜ好かれるのか

「彼女はそそっかしいんだけど、そこが可愛いんだ」と言うひとがいます。

ひとは、相手の長所ばかりを好きになるのではないのです。

ひとは、相手の欠点と思えるようなところに惹きつけられてしまうこともあるのです。

和泉ひとみさん（仮名）は、そのことが理解できませんでした。

ひとみさんには、子供の頃、「のろま」というあだ名がありました。

性格的におっとりしたところがあり、また動作の一つひとつが遅いと言うか、にぶいと言うか、そんなところがあったのです。

また彼女自身、そのことに強い劣等感がありました。

やがてひとみさんは成長し、恋をする年齢に達しました。

しかし、

「こんな『のろま』な私を好きになる男のひとなんて現れるはずがない」という意識に縛られていたのです。

ところがです。

そんなひとみさんに、「好きです」と言い寄る男性が現れたのです。

その男性は、ひとみさんが以前から恋こがれていた男性だったのです。

しかし残念ながら、二人が結ばれることはありませんでした。

ひとみさんが、身を引いてしまったのです。ひとみさんは、自分に「好きです」と言ってきた男性に対して、「冗談を言っている」としか思えなかったのです。

「『のろま』な自分を好きになるひとなんているはずがない。彼は、あんなことを言って、私をからかっているんだ。本当に好きなのではない」

そうひとみさんは考えてしまいました。

しかし実際は、その男性は、本心からひとみさんのことが好きだったのです。

このようなひとみさんの心理状況は、「自己卑下《じこひげ》」と呼ばれるものです。

「自分は美しくない。スタイルも良くない。家柄も良くない。お金もない。頭も良くない。性格も良くない」

そのような「ない、ない」づくしの論法から、

「だから私は、何をやってもダメなんだ」と思い込んでしまうのです。

しかし、それは単なる「思い込み」です。「取り越し苦労」と言ってもいいかもしれません。

生きることでもそうですし、恋愛においてももちろんそうなのですが、「自己卑下」は、そのひとを不幸にする原因となります。恋愛を成就させるためには、物事を前向きに考えることが必要なのです。人間なんて、つき合ってみなければ、どうなるかわからないのです。

ひとみさんは、「自分のような『のろま』な女性は、男性から好かれるわけがない」と考えていましたが、そんな欠点と思われるようなところを好きになる男性も多くいるのです。

しかし「自己卑下」におちいると、性格がだんだん暗くなってしまいます。

「自分はダメなんだ、ダメなんだ」と思い込んでしまうからです。

実は、自分の欠点と思われるものよりも、「自己卑下」によって性格が暗くなってしまうほうが、男性から敬遠される原因になってしまうのです。

ですから落ち込んだりしてはいけません。

いつも前向きに、明るく、小さなことにクヨクヨしない。それが幸運を自分のもとへ導くために大切なことなのです。

また、このように考えてもいいかもしれません。

欠点だらけの人間というのはいないのです。

どんなに欠点の多い人間でも、必ずひとは素晴らしい長所も持ち合わせているものなのです。それは「魅力」と言っていいかもしれません。

「男性から好かれるわけがない」と考えているひとみさんにしても、必ずどこかに魅力があるはずなのです。

自分でその魅力の存在に気づいていないだけなのです。

その男性は、そのひとみさんの魅力に気づいたひとだと言えるでしょう。

その時、ひとみさんは、こう考えるべきだったのです。

「そうか、私には、男性から好かれるようなこんな魅力があるんだ」と。

そして、自分に自信を持つべきだったのです。「私は男性から好かれないと思っていたけれど、意外とこんなところは、男性から好かれるんだなあ」と。

自分の魅力に気づき、自分に自信を持っているひとは、それだけで相手の目には輝いて見えるものなのです。

好きなひとに愛される心理法則

046

あなたの欠点が、あなたの魅力になっている。自分で自分の魅力に気づく。

自己卑下の心理効果

RULE

047

「本当の愛」はこうやって手にしていく

心理テストです。当事者になったつもりで考えてみてください。

あなたは、今年の夏、久々の体暇を、とある離島で過ごすことにしました。
島に渡るために港から船に乗ります。
ところが島へ行く途中、船が沈没してしまったのです。
あなたは海に投げ出されます。
するともう一隻《せき》の船がやってきて、あなたを救出してくれました。

さて、あなたは、自分を運がいいと思いますか。
それとも運が悪いと思いますか。

乗船した船が沈没してしまったのだから、それは運が悪いことだ、と答えるひともいます。

いっぽう、もう一隻の船に救出されて命拾いしたことは運がいい、と考えるひともいます。

さて、心理学的には、「運が悪い」と答えたひとは「人生を否定的に考えるひと」、「運がいい」と考えたひとは「人生を肯定的に考えるひと」と言うことができます。

言い換えれば、**「運が悪い」と答えたひとは「自分の人生を幸福に導くことができないひと」、「運がいい」と考えたひとは「自分の人生を幸福に導くことができるひと」と言えます。**

私が唱える『成心学』では、「何事も楽観的に考え、いい面だけを見よう」と教えています。

人生は、いいことだけではありません。

悪いことも多くあります。

しかし悪いことが起こる度に、「自分には運がない」と落ち込んでいたのでは、そのひとは自分の運命をますます衰退させていくばかりなのです。

悪いことが起こっても、それを肯定的に考え、たとえば、「この不運は、この先いいことがやってくる前段階なのだ」と考える。

そのことによって、そのひとの運命は好転していくのではないでしょうか。

恋愛でも、同じようなことが言えます。

好きなひとにふられてしまう。

そのことに、いつまでもクヨクヨ悩んでいたのでは、そのひとの運命は決して好転しません。

好きなひとにふられた時は、「もっといいひとにめぐり会うチャンスが生まれたんだ」と考える。そのような「楽観思考」によって、そのひとの運命は好転していくのです。いつまでもクヨクヨしているひとは、いつまでも理想の恋人にめぐり会うことはできないのです。

ある女性は、大学での合コンの時、「好きなひとが一度も自分を見てくれなかった」と言って悩んでいました。

そのようなことも、「楽観思考」に従えば、

「好きなひとは、『私は内向的なので、私が目を合わせるのを嫌がる』と思って、私を見

なかったんだ。つまり彼も、私のことを、それだけ気にかけてくれている証拠なんだ」と考えることができるのです。そう思うほうが人生が楽しくなりますし、また明るい性格を保てば、それだけ好きな彼から愛される可能性も大きくなるのです。

恋愛をしていれば、悲しいこと、くじけそうになることは、たくさんあります。でも、あきらめてはいけないのです。「楽観思考」によって、ハードルを飛び越えていくことにより、本当の愛、本当の幸福を手にすることができるのです。

好きなひとに
愛される心理法則
047

悲しいこと、つらいこと、
くじけそうなことがあっても、
「楽観思考」で乗り切ろう。
それによって、本当の愛を手にすることができる。

楽観思考の
心理効果

好きなひとに愛される47の心理法則

RULE 01

会えば会うほど、ひとは、そのひとを好きになる。
好きなひとと一緒にいる時間を、もっと増やす。

RULE 02

第一印象で、相手があなたをどう感じるか。
それですべてが決まる。全力で「感じのいいひと」だと印象づける。

RULE 03

気分のいい環境、ムードのあるスポットのほうが、あなたを「魅力的に」見せる。
初めてのデートは、その場所の雰囲気に注意する。

RULE 04

ひとは外見の印象によって、そのひとを判断する。
信頼できるひとに〝あなたの外見〟を磨いてもらう。

RULE 05

明るい笑顔は、言葉以上に、あなたの「好き」を相手に伝えてくれる。
好きなひとと会う時は、いつも笑顔を心がける。

RULE 06

流行やマスコミに踊らされる恋愛は、真実の愛ではない。
ストーリーを愛するのではなく、そのひとを愛することを心がける。

RULE 07

自分に素直になる。好きなひとに素直に「好きです」と言う。それができるひとが、自分を幸福にする。

RULE 08

ひとは、自分と相手に何か共通点がある時、その相手により強い好感を抱くようになる。好きなひととの共通点を探し出す。

RULE 09

ひとは、「自分に足りないもの」をひとに求める。これが恋愛の始まる〝きっかけ〟となることが多い。

RULE 10

秘密を打ち明けることで、相手も自分について話すようになる。好きなひととあなただけの〝共通する部分〟を増やす。

RULE 11

落ち込んでいる時ほど、あなたの励ましを必要としている。落ち込んでいる彼を、元気にしてあげる。

RULE 12

力ずくで、好きなひとからの愛を得ようとしてはいけない。温かく見守るだけで、彼は必ず愛を与えてくれる。

RULE 13

前向きな意識を持つことが、あなたの外見を魅力的にする。
「ポジティブ・シンキング」で恋をする。

RULE 14

ひとは自分を、より良いものに見せたがる。
しかし、あまりに無理をすると、好きなひとに嫌われてしまう。

RULE 15

ひとは自分の意見や考えかたを否定されると、嫌な気分になってしまう。
彼の言うことを尊重してあげる。

RULE 16

会話とは、二人の話のキャッチボールだ。
一人でおしゃべりになったり、無口になったりするのはやめる。

RULE 17

世間的な既成概念や価値判断から、ひとは、「あのひとは、こういう人間だ」と思い込む。しかし、そのような情報に惑わされると、本当の恋ができなくなる。

RULE 18

好きなひとを「自分だけのものにしたい」という感情は自然なもの。
しかし、その思いだけが強くなり過ぎると、相手から嫌われる。

RULE 19

「愛される」ことだけに満足してはいけない。
自分のほうからも「愛すること」がなければ、幸福にはなれない。

RULE 20

デートでは、「笑顔」「身体的な触れ合い」「視線」、この三つに気を遣おう。
それがうまくできれば、彼はもっとあなたのことを好きになる。

RULE 21

自分を大切にすることができるひとは、愛されるひととなる。
「一人でいる」時間を大切にする。

RULE 22

自分に自信を持つひとは、表情も明るく、イキイキとしている。
それが、好きなひとに愛される一番の方法である。

RULE 23

恋愛関係が安定してくると、ひとはないものねだりを始める。
しかし、そのような心理では、幸福を手にすることはできない。

RULE 24

〝小さな約束〟を一つひとつ守ることで、相手との信頼関係が築かれる。
恋人との約束は必ず守る。

RULE 25

「笑い」は、恋人との関係をより親密にする効果がある。ユーモアのセンスを身につける。

RULE 26

悲しいから泣くのではない。泣くから悲しくなる。女性の涙は時に、男性には嫌味に感じられる。

RULE 27

自分にプライドを持つことは大切だ。しかし、それが「過剰」になってしまうと、彼から嫌われる原因になる。

RULE 28

気さくさと恥じらいは、好印象を与える。しかし、それが「過ぎて」しまうと、かえって男性から嫌われる原因になる。

RULE 29

相手に甘え過ぎてもいけない。自分が自立し過ぎてもいけない。甘えと自立の、ちょうどいいバランスを見つける。

RULE 30

相手のことを説得しようと、あまりに一生懸命になり過ぎると、かえって逆効果になる。彼との結婚に焦り過ぎないようにする。

RULE 31

彼との関係がマンネリになってきた時は、「意外」なことをしてみる。

RULE 32

女性の嫉妬心は、自分が浮気をしたいという願望の裏返しの場合もある。
そんな女性は結局、幸福を手にすることはできない。

RULE 33

周囲の反対に遭うと、恋愛はますます燃え上がる。
しかし、一時の熱に浮かされたような恋愛は、その後、失敗してしまうケースも多い。

RULE 34

恋人関係は、お互いが同等の立場に立つ時、一番うまくいく。
尽くしたら、尽くされることも心がける。

RULE 35

復讐心はかえって自分を不幸にする。
好きなひとへの復讐など考えない。

RULE 36

お互いしか知らないような「秘密」を共有しよう。
そうすれば、彼との関係は、もっと親密なものになっていく。

RULE 37

電話は〝一言〟の言葉を伝えるのによく効く。
〝一言〟で済まない場合は、会って、じっくり話し合う。

RULE 38

ひとは、心の支えになるものを求めている。
彼の心の支えになることができれば、彼の心が離れていくことはない。

RULE 39

男性は自分を、女性から頼りにされる存在だと思いたがっている。
たまには彼に「お願い」をして、彼の自尊心を満足させてあげる。

RULE 40

ほめられてうれしく思わないひとはいない。
デートの度に彼をほめる。

RULE 41

男性と女性は、まったく違った生き物。
それを理解することが、相手への思いやりと優しさにつながる。

RULE 42

男性は自分が、彼女にとって初めての男でありたいと願う。
その願いを、叶えてあげる。

RULE 43

お互いに一つの「夢」を共有しよう。
その夢によって、二人の心は離ればなれになることはない。

RULE 44「愛される」のではなく、「愛する」ことを第一にしよう。

本当の幸福は、「愛する」ことによって得られる。

RULE 45

ものは考えようで、どうにでもとれる。
プラス思考で、人生を楽しむ。

RULE 46

あなたの欠点が、あなたの魅力になっている。
自分で自分の魅力に気づく。

RULE 47

悲しいこと、つらいこと、くじけそうなことがあっても、「楽観思考」で乗り切ろう。
それによって、本当の愛を手にすることができる。

好《す》きなひとに愛《あい》される心《しん》理《り》学《がく》

「恋愛《れんあい》」は作《つく》れる。

2021年7月15日 初版第1刷発行

著者 植西聰《うえにしあきら》
発行者 笹田大治
発行所 株式会社興陽館
〒113-0024
東京都文京区西片1-17-8 KSビル
TEL 03-5840-7820 FAX 03-5840-7954
URL https://www.koyokan.co.jp

ブックデザイン 喜來詩織(エントツ)
校正 新名哲明
編集補助 久木田理奈子+飯島和歌子+伊藤桂
編集人 本田道生

印刷 惠友印刷株式会社
DTP 有限会社天龍社
製本 ナショナル製本協同組合

ISBN978-4-87723-278-8 C0011